10 MANDAMENTOS PARA MULHERES DECIDIDAS

Ursula Nuber

10 MANDAMENTOS PARA MULHERES DECIDIDAS

Tradução
ROBERTO ARGUS

EDITORA CULTRIX
São Paulo

Título do original: *10 Gebote für Starke Frauen*.

Copyright © 1999 Scherz Verlag, Berna, Munique, Viena.

Todos os direitos reservados. Nenhuma parte deste livro pode ser reproduzida ou usada de qualquer forma ou por qualquer meio, eletrônico ou mecânico, inclusive fotocópias, gravações ou sistema de armazenamento em banco de dados, sem permissão por escrito, exceto nos casos de trechos curtos citados em resenhas críticas ou artigos de revistas.

O primeiro número à esquerda indica a edição, ou reedição, desta obra.
A primeira dezena à direita indica o ano em que esta edição,
ou reedição foi publicada.

Edição	Ano
2-3-4-5-6-7-8-9-10-11	04-05-06-07-08-09-10

Direitos de tradução para a língua portuguesa
adquiridos com exclusividade pela
EDITORA PENSAMENTO-CULTRIX LTDA.
Rua Dr. Mário Vicente, 368 – 04270-000 – São Paulo, SP
Fone: 6166-9000 – Fax: 6166-9008
E-mail: pensamento@cultrix.com.br
http://www.pensamento-cultrix.com.br
que se reserva a propriedade literária desta tradução.

Impresso em nossas oficinas gráficas.

Sumário

Introdução 9
10 mandamentos para ter uma auto-estima elevada 27

- I. Orgulhe-se de si mesma 29
- II. Estabeleça limites 39
- III. Seja tolerante consigo mesma 47
- IV. Não alimente pensamentos negativos a seu respeito 57
- V. Assuma a responsabilidade pela sua vida ... 65
- VI. Não leve tudo para o lado pessoal 73
- VII. Expresse suas opiniões com clareza e precisão 83
- VIII. Aceite seus pontos fortes e fracos 97
- IX. Não seja um obstáculo ao seu sucesso 105
- X. Faça o bem a si mesma 117

Epílogo 123
Bibliografia 128

"Cada idioma tem uma palavra para designar o amor por si mesmo. Na França e em outras partes do mundo em que se fala francês, é *amour-propre*. Na Itália, em Portugal e no Brasil, é *amor-próprio*. Em qualquer lugar do mundo onde o idioma é o espanhol, é *buena opinion de si mismo*. Em árabe, é *aljtibar al-dhati*. Em hebraico, *haaracha atzmit*; em iídiche, é *selbst gloibn*. Em russo, é uma palavra só: *samouwasenie*; *kujista-hi* em suaíle e *swavhimani* na Índia. Os chineses combinam os símbolos correspondentes a Próprio (pronuncia-se *zi*) com o equivalente a Estima e Respeito (pronuncia-se *zun*) e dizem *zizun*. Embora as palavras sejam diferentes, o significado é o mesmo."

GLORIA STEINEM

Introdução

Alguém lhe pede para descrever a si mesma. Não a sua aparência, mas suas qualidades e capacidades, suas fraquezas e forças. E a pessoa lhe pergunta se você tem motivos para sentir orgulho de si mesma. Como será essa descrição? Você responde: "Sou uma pessoa bastante inteligente, cheia de autoconfiança e força interior. É claro que às vezes algumas coisas não acontecem exatamente como eu imaginava, mas no geral considero-me bem-sucedida. Existem pessoas que gostam muito de mim, mas existem outras que não gostam ou que me invejam. Isso é normal. Minha postura em relação à vida é basicamente positiva e otimista. Orgulho? Sim, de vez em quando sinto orgulho de mim mesma."

Ou você se descreve deste modo: "Nada tenho de especial. Meu desempenho nunca é excepcional. Quando acontece algo de bom, considero um golpe de sorte. As outras pessoas significam muito para mim, esforço-me para agradá-las, para que gostem de mim. Sou uma pessoa em quem se pode confiar. Sinto orgulho disso. Mas quanto ao resto? Não, não vejo nenhum motivo para me orgulhar de mim mesma. Sou mais do tipo humilde e retraído. Não gosto de chamar a atenção. Não me preocupo em ser o centro das atenções."

Temos que admitir que essas duas descrições são bastante simplistas. É bem possível que nenhuma delas se aplique a você, mas se eu lhe perguntasse qual das duas se *aproxima* mais da que você faria, seria fácil optar por uma delas.

Nada revela mais sobre você mesma do que a sua auto-imagem. Ela mostra com precisão se você é uma pessoa feliz, bem-sucedida e psicologicamente estável ou se a vida lhe é um peso nos ombros. A auto-imagem mostra se você se dá valor, se é confiante e segura ou insegura e cheia de dúvidas. Ela reflete as suas ações e emoções, dá uma idéia dos seus sucessos e fala sobre o tipo e a qualidade dos seus relacionamentos. Em resumo, a sua auto-imagem determina se você "tem uma opinião favorável de si mesma", se possui o que, segundo Gloria Steinem, todos os idiomas têm uma palavra para descrever: amor-próprio, auto-estima, autoconfiança.

Mesmo que, separadamente, cada um desses conceitos tenha um significado diferente, em essência, todos querem dizer a mesma coisa, ou seja: "que eu reconheço o meu valor, não tenho dúvidas quanto ao meu direito de viver e de ser feliz", significa "que me sinto bem quando levo em conta, mesmo que relativamente, os meus pensamentos, desejos e necessidades, incluindo a sensação de ter, desde o nascimento, um direito natural à felicidade e à satisfação".

O que nessa definição do psicoterapeuta americano Nathaniel Branden parece bastante plausível, para muitas pessoas não é tão evidente. Muitas partem do princípio de que as próprias necessidades e sentimentos na verdade têm menos importância do que as necessidades e sentimentos dos outros. A visão de si mesmas é distorcida por uma "lente negativa". Os outros, estes sim, elas sabem elogiar; reconhecem respeitosamente as capacidades dos amigos e colegas e dão valor às realizações alheias. Se, no entanto, lhes dissermos que são talentosas, que fizeram um bom trabalho, que podem se sentir orgulhosas, então reagem rapidamente com um comedido "É, mas..." É, consigo fazer muitas coisas, mas com certeza poderia fazer ainda mais se precisasse de menos horas de sono. É, fui bem-sucedida, mas tive sorte. É, já sei algumas coisas, mas tenho pouco estudo. É, meu inglês até que é razoável, mas com toda a franqueza, meu vocabulário é bastante limitado. É, mas... Ficou surpresa? Você também é uma dessas pessoas que, em si mesmas, não conseguem descobrir muitos pontos positivos? Você tem o hábito de se ver sempre sob uma luz desfavorável? Você discorre longamente sobre o que *não* sabe fazer, mas resume em poucas palavras o que domina? Então, nesse caso, é bem possível que você se identifique com a segunda versão – a negativa – das duas descrições apresentadas. Provavelmente os exemplos de pensamentos que listarei a seguir lhe serão bastante conhecidos:

1. *"Os outros sabem o quanto sou burra."*
Uma observação insignificante consegue deixá-la absolutamente arrasada. Se lhe acontece, por exemplo, de cometer um erro ao dirigir – digamos que você não tenha reparado numa placa indicadora de via preferencial – e um pedestre a insulta rispidamente, chamando-a de "barbeira", essa grosseria pode deixá-la arrasada. Em vez de não dar atenção ao pedestre indelicado e ignorá-lo, você se atormenta com auto-acusações. Se o seu amor-próprio estiver enfraquecido, essa crítica inconseqüente pode acabar com o seu bom humor. O pensamento equivocado que está por trás disso é: Na opinião dos outros, sou um zero à esquerda.

2. *"Eu não sirvo para nada."*
Se algo na sua vida não vai tão bem quanto você imaginou – e talvez se trate de algo insignificante – você tende imediatamente a generalizar. "Comigo nunca acontece nada de grandioso." "Não presto atenção em nada." "Ninguém gosta de mim." Você não considera o acontecido como algo circunstancial, mas como um sintoma da sua total incompetência.

3. *"Fulana é mais inteligente, mais bonita, mais popular do que eu."*
Se você mesma não se tem em bom conceito, então é provável que tenda a agir da mesma forma, sempre tentando se comparar aos outros. Com as modelos elegantes e esbeltas da revista, com a amiga, para quem a vida é tão brilhante e tantas coisas boas acontecem, com a colega de trabalho, que nas reuniões impressiona a todos com suas opiniões cheias de bom senso... Você raramente se arrisca a comparações com outra pessoa que lhe seja inferior em diversas áreas de conhecimento. Com atenção seletiva, concentra-se exclusivamente naquilo que a outros ocorre de modo tremendamente positivo. Pessoas com baixa auto-estima têm uma imagem ideal, um conceito muito preciso, de como deveriam ser. No momento em que compreendem que esse objetivo que elas mesmas estabeleceram e, mais ainda, no qual acreditam, não pode ser alcançado, seu nível de auto-estima baixa.

4. *"Isto não está bom o bastante."*
A perfeição compulsiva é uma característica bem típica das pessoas com pouco amor-próprio. Só ficam satisfeitas com elas mesmas quando terminam uma tarefa de modo absolutamente perfeito. Mas quantas pessoas conseguem ser perfeitas? De maneira geral, a perfeição é um fenômeno extremamente raro. O mais paradoxal é que as pessoas com baixa auto-estima são cegas com relação ao próprio sucesso. Conseguem ver

apenas dez por cento, a possibilidade da falta de perfeição, e não dão muita importância aos noventa por cento restantes.

5. *"Provavelmente dará tudo errado de novo."*
Catastrofismo é o termo que a Psicologia utiliza para definir esse tipo de pensamento equivocado, constante nas pessoas com baixa auto-estima. Um erro insignificante, uma pequena falha serão transformados numa "tragédia". Se alguma vez algo saiu errado, a pessoa já espera que, na vez seguinte, saia errado de novo. O hábito de fazer drama causa, sem dúvida, efeitos dramáticos. Esse pensamento falho contribui para que a pessoa tenha cada vez menos confiança em si mesma, perdendo a coragem de enfrentar coisas novas e fugindo face a qualquer possibilidade de risco, por menor que seja.

6. *"Ora, isso não foi nada."*
Quando o sentimento de amor-próprio não se manifesta com intensidade, é muito difícil aceitar um elogio. Alguém comenta que gostou do vestido que você está usando. Com um ar de modéstia, você diz: "Ora, já é velho." Uma pessoa elogia as suas realizações, e você pensa: "Qualquer um poderia ter feito isso tão bem quanto eu", ou logo imagina que foi apenas uma questão de sorte. Você é incapaz de se alegrar com um elogio, é contra aqueles que vivem distribuindo elogios. Mas aceita críticas de boa vontade. A censura se encai-

xa muito melhor na imagem que faz de si mesma do que o elogio.

Se você se identificou com algum desses exemplos de pensamento, pode estar certa de uma coisa: você não tem uma boa impressão de si mesma.

Você sofre com as próprias inseguranças e admira as pessoas que vivem cheias de confiança, jamais afligidas por medos e receios. E pergunta a si mesma: Como elas conseguem ter tanta capacidade e autoconfiança? Mas será que essas pessoas são realmente mais capazes do que você? Será que são mais inteligentes, audaciosas, criativas? Ou nada mais são do que pessoas com muita sorte, para quem a vida é um mar de rosas? Pessoas de sorte elas não são. Mas a vida, sem dúvida, é mais fácil para elas, porque são seguras de si mesmas. Orgulham-se das próprias capacidades, são confiantes e não deixam que falhas e derrotas as desviem do caminho que traçaram.

Você se sente culpada por não ser uma pessoa de sorte? Suas incertezas vêm desde o nascimento e você precisa lutar contra sua baixa auto-estima? Então o que faz com que algumas pessoas sejam sempre positivas, cheias de autoconfiança, enquanto outras são constantemente torturadas pela dúvida?

Existem fundamentalmente dois fatores responsáveis pelo desenvolvimento da auto-estima:
- A criação.
- As tendências hereditárias.

Fator 1: A criação.
Nossa auto-imagem se desenvolve basicamente no decurso de uma vida inteira. Com o tempo, à medida que envelhecemos, passamos a ter uma visão mais positiva de nós mesmas do que nos anos de juventude – ou talvez não. Quem na infância conseguiu cultivar um sentimento estável de autoconfiança, na vida adulta com certeza não será mais tão vitimado pela baixa auto-estima quanto uma pessoa que desde criança precisou conviver com o sentimento de que não valia grande coisa.

Quais são os fatores que contribuem para que uma pessoa desenvolva um nível elevado de amor-próprio? A Psicologia encontrou respostas para essa pergunta:

1. Amor incondicional nos primeiros anos de vida.
Para o desenvolvimento de um amor-próprio estável é extremamente importante que a criança seja amada e aceita pelos pais ou parentes próximos. Pais que vinculam a atenção e o amor a determinadas condições ("Você é o queridinho da mamãe, mas só se você se comportar, se dormir direitinho, se comer o seu espinafre..."), que deixam que a criança perceba que é considerada um peso ou que talvez não tenha sido desejada – contribuem para o desenvolvimento de uma auto-imagem negativa. Ela acredita que só terá direito de viver neste planeta se corresponder às expectativas dos adultos.

2. *Estar convencida de que precisa ser competente.*
Quando o comportamento dos pais de uma criança se caracteriza por demonstrações da pouca confiança que depositam nela, expondo ou acobertando constantemente os seus erros, mas ignorando seus sucessos, seu desenvolvimento logo será marcado pela falta de confiança em si mesma. Ela não se considerará capaz de conseguir qualquer coisa que seja, nunca se arriscará pois logo temerá o risco de falhar, e só raramente, se tanto, conhecerá a satisfação de vencer um desafio. Uma criança que recebe pouco incentivo dos pais, que é mais criticada do que elogiada, não consegue se conscientizar da própria capacidade.

3. *Um realismo saudável.*
Os psicólogos norte-americanos descobriram que os pais não fazem nenhum bem ao filho quando o idealizam. Se, por exemplo, sempre o elogiam pela inteligência, a criança provavelmente terá um desempenho escolar abaixo do esperado, porque imaginará que apenas sua inteligência já será suficiente. O excesso de elogios impede que a criança aprenda a se ver de modo realista. "Quando elogia a inteligência de uma criança, você não reforça a avaliação que ela faz de si mesma", alerta a psicóloga americana Carol S. Dweck, que na Universidade de Colúmbia estudou os efeitos negativos do elogio sobre crianças inteligentes. As críticas ou censuras constantes têm as mesmas conseqüências. Quando o filho sente que nada satisfaz os pais, ele não adquire

a noção do que é considerado "normal". Muito provavelmente se tornará um perfeccionista, pois acredita que tem de ser sempre um sucesso em tudo. Sem a capacidade de julgar-se sob a ótica realista, uma pessoa não consegue desenvolver a auto-estima.

4. Valores bem definidos.
Se nos habituarmos, quando ainda crianças, a um sistema de valores bem definidos, aprenderemos o que é "errado" ou "certo", "bom" ou "ruim" e estaremos bastante protegidas de incertezas maiores. Posteriormente, quando tivermos que tomar alguma decisão, esses valores cultivados desde a infância se tornarão um sistema orientador que nos proporcionará segurança: "Isto que estou fazendo está certo." Porém, se os pais deixarem de incutir no filho esses valores básicos, mais tarde, quando adulto, ele não será capaz de assumir uma posição nem, muitas vezes, um ponto de vista. Isso exige que ele faça improvisações, com a sensação de não estar "com a razão".

A auto-avaliação positiva repousa sobre quatro pilares:
1. Experiência – "Gostam de mim da maneira que sou";
2. Convicção – "Sou capaz de fazer o que me proponho";
3. Reconhecimento – "Estes são os meus pontos fortes e estes são meus pontos fracos";
4. Discernimento – "Isto está certo e isto está errado."

Fator 2: Associação com o sexo.
Quanto mais cedo você estabelecer esses "quatro pilares", tanto melhor para a sua auto-imagem. Entretanto, como comprovam inúmeras pesquisas, os "quatro pilares", que compreendem experiências tão significativas para a auto-estima, são negados a todas as moças. A criação que as meninas recebem raramente contribui para que elas desenvolvam o sentimento de competência e força. Quanto mais a menina cresce, mais perde a confiança em si mesma, como diversos estudos sobre o assunto já comprovaram. Uma pesquisa feita nos Estados Unidos com 3.000 adolescentes mostrou que, no primeiro grau, 81 por cento das meninas e 84 por cento dos meninos ainda mostram interesse pela matemática. No segundo grau, surgem diferenças significativas: agora são apenas 61 por cento das moças, em comparação com 72 por cento dos rapazes, entusiasmados pela matéria.

A psicóloga Jacquelynne Eccles, da Universidade do Colorado, pôde comprovar, em dois demorados estudos por amostragem, que a falta de interesse das meninas por assuntos científicos e pela matemática não é predominante desde o início, mas aumenta com as experiências no decurso dos anos escolares. Para Eccles, a razão para essas diferenças entre os dois sexos não se deve propriamente ao sexo da criança, mas à falta de autoconsciência das meninas. No começo da vida escolar, não há diferença entre meninos e meninas quanto ao desempenho na matemática. Mas, ao contrário dos alunos, as alunas não confiam na própria competência. A despeito de notas igualmente boas, elas não acreditam nas suas capacidades, o que a longo prazo contribui para que seu desempenho piore e elas passem a ter aversão por assuntos relacionados à matemática e às ciências naturais. Para Jacquelynne Eccles, a conduta dos pais é a causa dessas auto-avaliações negativas. Quando interrogados sobre os desempenhos escolares dos filhos, os pais referem-se aos *talentos* dos meninos, mas acham que as meninas só tiveram boas notas porque foram *aplicadas*.

Essas diferenças no julgamento dos pais também puderam ser comprovadas por pesquisadoras alemãs, como relata Anita Heiliger, do Instituto Alemão para a Juventude: "Bons desempenhos não fazem com que as meninas tenham mais autoconfiança, pois elas acreditam que só os tiveram porque são bem-comportadas e aplicadas, e não porque sejam inteligentes."

O estudo de uma cientista social norte-americana mostra que os pais também avaliam dessa forma as capacidades dos filhos: mesmo que ambos tenham empregos que exijam elevada capacidade profissional e defendam a igualdade de direitos, dão preferência aos filhos do sexo masculino. Tanto o pai quanto a mãe lhes dedicam mais atenção do que às filhas, são mais compreensivos diante das suas perguntas, respondendo-as com mais detalhes, e lhes incentivam a intelectualidade. Essas condutas prosseguem na escola, onde professores e professoras tratam alunos e alunas de maneira diferente. Diversos estudos mostram que os alunos são mais elogiados pela execução de tarefas simples do que as alunas; os meninos conseguem receber mais atenção dos professores do que as meninas.

O baixo nível de auto-estima das meninas não se restringe, portanto, ao desempenho escolar, mas afeta todas as áreas da vida. Por volta do décimo ano de vida, ocorre uma alteração no desenvolvimento das crianças. Até essa idade não se observam grandes diferenças: meninos e meninas estão igualmente satisfeitos com eles mesmos e com o mundo; são positivos e confiantes. Mas daí em diante a disparidade entre os sexos torna-se gradativamente maior. Quando as meninas entram na puberdade, acham que existe algo errado com elas. Não se consideram "boas o bastante", e isto não se aplica apenas aos seus desempenhos escolares, mas também à aparência. Esse desenvolvimento negativo das mulheres foi confirmado em outra pesquisa realizada na Universidade Bielefeld. Durante quatro anos foram entrevistados 1.700 jovens de ambos os sexos, com idades entre 12 e 14 anos. Segundo o resultado, as moças alemãs também demonstraram um nível mais baixo de autoconfiança do que os rapazes. Elas acreditam que as outras pessoas as consideram "inúteis" e gostariam muito de ser diferentes do que são. Também estão menos satisfeitas do que os rapazes com a própria saúde, e reagem mais cedo a sintomas físicos ou psicológicos decorrentes de situações de *stress*. Queixam-se com mais freqüência de dores de cabeça, nervosismo, vertigens, insônia, problemas estomacais, dificuldades de concentração e palpitações. Não é de admirar que comecem mais cedo a tomar medicamentos.

Para cientistas como Anita Heiliger, todos esses dados comprovam que o valor dos meninos continua sendo maior do que o das meninas. Quando entram na puberdade, elas então percebem que "são consideradas inferiores, que precisam estar sempre à disposição dos outros e que não devem se sobressair – na rua, na escola, na família, em todos os lugares. A todo instante sentem que não podem estabelecer valores, sendo essa uma prerrogativa masculina". Logo no início da puberdade lhes é mostrado com toda a clareza o que se espera delas, qual o seu papel como integrante do sexo feminino. Por isso é inevitável que, depois dos dez anos de idade, as meninas desenvolvam um nível de auto-estima dramaticamente baixo. "Como não têm poder de escolha, precisam viver em função dos outros, não podem reconhecer por si se têm valor ou não, elas não conseguem adquirir praticamente nenhuma identidade positiva. O mecanismo de adaptação é o seguinte: se viverem em função dos outros, elas serão consideradas moças boas e simpáticas, caso contrário, não são femininas e, portanto, não estão dentro dos padrões aceitáveis."

A psicóloga norte-americana Carol Gilligan também revelou que as moças na puberdade vivem em grande conflito: "Sabemos que as meninas até a idade de 10 ou 11 anos estão muito conscientes de suas emoções e experiências mas, dois anos depois, começam a dizer "Eu não sei", conclui Gilligan. O conflito surge quando elas começam a perceber que as próprias emoções e capacidades não correspondem às expectativas do mundo à sua volta. Para que não precisem suportar essa situação, "negam suas emoções e experiências ou não dão nenhum valor a elas, impondo a si mesmas uma mordaça".

O impacto dessas "mordaças" é arrasador: o que começou cedo na puberdade, ainda pode ser visto na mulher adulta: falta de auto-estima, pouca confiança nelas mesmas, insegurança. As mulheres já estão tão acostumadas a esses sentimentos negativos que os consideram como parte da sua "natureza". Muitas se resignam e imaginam "Sou assim mesmo, não há nada que se possa fazer a respeito". Outras tentam fazer com que a vida lhes seja mais fácil, desenvolvendo algumas características aparentemente positivas: "Não me agrada muito ser o centro das atenções. Não me importo que outros apareçam mais do que eu. Não me interessa o sucesso exterior." A primeira dessas atitudes é tão errada quanto a outra: ninguém precisa se conformar com a baixa auto-estima. Com o passar dos anos, nada impede que superemos nossos pontos fracos. Ninguém se tornará verdadeiramente feliz e satisfeito se não tiver auto-estima.

É fundamental que pessoas com baixa auto-estima se conscientizem de que não nasceram com essas características, mas que se tornaram assim por causa da criação, do ambiente e dos valores da sociedade. Quem reconhece que a "mordaça" é uma reação a atributos e a exigências sem sentido, também consegue livrar-se dela. Ninguém está condenado a passar a vida toda "com o freio puxado", sempre em segundo plano, preferindo, cheio de cautela e insegurança, não ser o primeiro, mas o segundo violino na orquestra; permitindo – por modéstia e altruísmo – que outros fiquem em evidência, deixando de satisfazer as próprias necessidades e de se livrar dos conflitos em troca de tranqüilidade.

Se quiser vencer na vida, se quiser passar da faixa de baixa velocidade para a de ultrapassagem, se já estiver farta de gente que, sabendo e produzindo menos, vai para casa com uma coroa de louros, enquanto você sai outra vez de mãos vazias – então ouça a boa notícia: a baixa auto-estima não é um fardo do destino. Tanto a auto-estima quanto o destino são passíveis de mudança. Desenvolver uma auto-imagem mais realista – e também mais positiva – só depende do seu próprio esforço.

Provavelmente você também foi obrigada, quando criança, a decorar os "10 Mandamentos" bíblicos. Esses mandamentos deveriam auxiliá-la a viver uma vida que agradasse a Deus, à sociedade e aos pais: "Não terás outro Deus diante de mim; Honrarás teu pai e tua mãe; Não matarás; Não cometerás adultério ..." Os "10 Mandamentos para Mulheres Decididas" não se referem a valores superiores, a nenhum

Deus ou às outras pessoas. Esses "mandamentos" só se aplicam a você mesma: eles modificam a sua auto-imagem, seus pensamentos, suas emoções e o seu comportamento. Em resumo: ajudam você a desenvolver um Eu mais forte. São, por isso, razões suficientes para que você os decore!

10 mandamentos para ter uma auto-estima elevada

I. Orgulhe-se de si mesma.

II. Estabeleça limites.

III. Seja tolerante consigo mesma.

IV. Não alimente pensamentos negativos a seu respeito.

V. Assuma a responsabilidade pela sua vida.

VI. Não leve tudo para o lado pessoal.

VII. Expresse suas opiniões com clareza e precisão.

VIII. Aceite seus pontos fortes e fracos.

IX. Não seja um obstáculo ao seu sucesso.

X. Faça o bem a si mesma.

Orgulhe-se de si mesma

"Elogio em boca própria é vitupério", diz o provérbio. Desde criança, entretanto, você aprendeu que "A modéstia é uma virtude". A segunda parte desta mensagem "...mas sem ela é mais fácil se dar bem", muitas vezes foi ocultada de você. Você então tenta, tanto quanto possível, adotar um comportamento humilde e reservado, sem elogiar a si mesma e, de maneira alguma, gabar-se dos seus feitos. Você evidentemente não permitirá que a acusem de "arrogante" ou de "exibida". Os outros talvez façam rufar os tambores para você, mas esta não é uma característica sua. As outras pessoas com certeza reparam nas suas qualidades, bem como nas suas esperanças não alardeadas. Algum dia os seus superiores darão o devido valor ao seu trabalho e a recompensarão e seus talentos serão respeitados. Contudo, nutrir tal esperança pode decepcioná-la. Enquanto você se mantém humildemente nesse compasso de espera, os outros, com muito menos capacidade, a ultrapassam. Enquanto o reconhecimento, a gratidão e o sucesso não chegam, você algumas vezes duvida da própria capacidade. Você é incapaz de ver o vínculo entre a sua humildade, ou modéstia, e a falta de reconhecimento.

Todavia, a sua falsa modéstia é a responsável por você não reconhecer o próprio valor. Como não sente orgulho de si mesma e de sua competência, também não recebe qualquer reconhecimento a que tem direito. "É impossível progredir só com as qualidades de Jesus", explica Kirstin Schönfeld, proprietária, em Berlim, de uma empresa de recolocação profissional. O maior obstáculo ao progresso profissional da socióloga Doris Hartmann foi ser "muito insegura quanto à autoimagem". A autora e assessora de recolocação profissional Sabine Asgodom ainda acrescenta: "As mulheres honradas em geral consideram revoltantes as artimanhas usadas para obter promoções."

Gerhard Schröeder, quando era um jovem político, sacudiu durante vários anos as grades da chancelaria, gritando "Eu quero entrar aí!" A mídia cobriu essa série de eventos com bastante menosprezo. No dia 27 de setembro, ele venceu a eleição para o Parlamento Alemão e, com isso, atingiu o objetivo há muito desejado e revelado, como agora constatam os atônitos e ao mesmo tempo respeitosos representantes dos meios de comunicação, nas coberturas dos eventos. O novo chanceler Gerhard Schröeder é um homem que sabe o que quer e do que é capaz, e fazer com que o povo saiba disso não é problema para ele. Quem quiser aumentar sua auto-estima pode aprender muito com homens como Gerhard Schröeder. Aprender, por exemplo, que é possível chamar a atenção para as próprias qualidades sem bravatas desagradáveis, contribuindo desse modo para incutir positividade nas outras pessoas. Gerhard Schröeder possui o que o psicoterapeuta norte-americano Nathaniel Branden chama de "orgulho autêntico". "O orgulho autêntico nada tem a ver com pretensão, jactância ou arrogância. É de origem totalmente diferente. Não se caracteriza pela presunção, mas pela satisfação. É inerente à personalidade e não precisa ser demonstrado... O orgulho é a recompensa emocional pelos progressos obtidos. O orgulho não é um defeito que precise ser corrigido, mas uma qualidade pela qual vale a pena lutar."

Uma pesquisa com estudantes norte-americanos de ambos os sexos comprovou como é difícil para as pessoas com baixa auto-estima ter orgulho de si mesmas. Depois de uma avaliação da personalidade dos entrevistados, em que se examinou seu nível de auto-estima, pediu-se que eles relatassem, por escrito, uma ocasião em que tivessem causado uma grande alegria a alguém. O resultado, bem interessante, foi o seguinte: o nível de auto-estima influenciou significativamente o relato. As pessoas com nível elevado de auto-estima descreveram situações nas quais causaram a felicidade de outra pessoa graças à própria *competência* ("Os pais ficam satisfeitos quando os filhos tiram boas notas"). Por outro lado, aqueles cujo nível de auto-estima foi classificado como "baixo" também se lembravam de várias ocasiões em que ajudaram outras pessoas, mas enfatizaram sempre o *altruísmo*, enquanto que para os de elevada auto-estima o foco central era a própria capacidade.

A humildade das pessoas de baixa auto-estima também pôde ser constatada em outro estudo subseqüente. Solicitaram a 40 estudantes norte-americanas que comparassem as próprias qualidades com as dos parceiros. Uma parcela das entrevistadas recebeu a informação de que a autoria da narrativa seria mantida em segredo, enquanto que as comparações do outro grupo seriam lidas para todos.

Como deveriam expressar sua opinião com toda a franqueza e em público, todas as mulheres descreveram seus companheiros de modo positivo. No entanto, aquelas com a auto-estima elevada se valorizavam mais que aos parceiros, em suas comparações: "Ele é inteligente, mas eu sou mais." Por outro lado, as mulheres com baixa auto-estima descreviam-se de maneira mais positiva quando sabiam que sua identidade seria mantida em segredo. Mas, se contassem com a possibilidade da avaliação em público, faziam comentários gentis sobre o parceiro e evitavam ficar em evidência.

Como demonstram os dois estudos, as mulheres com baixo nível de auto-estima pagam um preço mais alto pelo seu altruísmo e pela sua humildade: são, sem dúvida, mais amadas pelos seus pares do que as estudantes seguras de si mesmas (o que não é de admirar, pois parceiros humildes são parceiros acomodados!). Entretanto, a própria insegurança e seus estados depressivos fazem com que sofram mais do que as de elevado nível de auto-estima.

Se você também faz parte do grupo de pessoas que não desejam ficar em evidência, preferindo esconder-se nos bastidores enquanto os outros batem no próprio peito cheios de orgulho, seria bom que você meditasse a respeito desse comportamento. Se acha que seu conhecimento e desempenho merecem mais respeito e quer se livrar das freqüentes crises de melancolia e abatimento, então não há outra escolha: você precisa aprender a se orgulhar de si mesma. Só quem é capaz de sentir orgulho de si mesmo fará com que as próprias qualidades não sejam mais ignoradas.

Eis como começar: elimine do seu vocabulário a frase "Elogio em boca própria é vitupério" e muitas outras daí resultantes. Decida nunca mais dizer "Qualquer um consegue fazer isso", "Finalmente serei recompensada por isso". Apague da mente pensamentos do tipo "Algum dia os meus méritos certamente serão reconhecidos" ou "É embaraçoso ficar em evidência por causa de um sucesso". Reconheça a seguinte verdade: se você mesma não se elogiar, ninguém mais o fará. Fazer alarde também faz parte dessa estratégia.

Você despendeu muita energia física e mental em alguma coisa? Faça com que os outros saibam! Foi elogiada? Comente a respeito! Tem melhor desempenho do que os outros? Diga-o ao seu superior! Teve recentemente muitas boas idéias? Documente a sua criatividade! Conhece pessoas importantes e interessantes? Gabe-se disso!

O mero pensamento de ter de fazer tudo isso incomoda você? Então já está mais do que na hora de mudar de atitude. As exibições dos seus colegas do sexo masculino ao falar de seus "amigos importantes", ao reclamar das "inúmeras horas extras" ou ao tecer comentários sobre as "idéias fantásticas" que tiveram talvez a tenham irritado. Contudo, seja franca, essa mania de se engrandecer não lhes causou nenhum prejuízo. Além disso, você não deve, de forma alguma, imitar esses fanfarrões. Também é possível chamar a atenção para a própria competência sem se pavonear.

Caso você ainda seja uma mera principiante em assuntos como auto-imagem, convém, antes de mais nada, fazer um exercício em particular: faça um cartaz sobre algum assunto pessoal. Escreva as características e qualidades que reconhece e aprecia em você mesma (o ideal seria citar pelo menos cinco!). Por exemplo: "Sou criativa", "Sou digna de confiança", "Sei negociar bem", "Não desisto facilmente", "Conheço bem literatura..." Quando a relação estiver pronta, fique em frente a um espelho e leia para si mesma, em voz alta e clara, o que escreveu. Parece tolice? Se não se sentir à vontade com o exercício, isso demonstra que você não está acostumada a se elogiar.

Para que todas as suas qualidades venham à tona, você precisa conseguir se elogiar no silêncio da sua privacidade sem sentir vergonha.

Quando você deixar de se ruborizar de vergonha ao se elogiar, você poderá aperfeiçoar essa técnica com outras pessoas. Com o parceiro, por exemplo, não espere até que ele finalmente diga que a casa está impecavelmente limpa e que se mostre admirado por você também ter sido capaz de preparar, como num passe de mágica, um esplêndido jantar. Tome a iniciativa e elogie-se: "Hoje estou orgulhosa de mim mesma. Realmente fiz muitas coisas. Além disso, a comida estava excelente!" E na próxima vez que tiver concluído uma tarefa com sucesso, deixe que os colegas e superiores saibam que você está satisfeita consigo mesma. No local de trabalho, não vale a pena esperar que seu superior, independentemente do sexo, descubra as suas qualidades. Aproveite todas as oportunidades para sugerir melhorias ou acrescentar alguma idéia interessante a um projeto bem-sucedido.

Para que isso realmente surta efeito, você precisa estar atenta à maneira como fala. Um auto-elogio sutil parece algo verdadeiramente digno de crédito, pois ele se manifesta "gota a gota"; não "transborda". Em outras palavras, se você quiser salientar algum trabalho bem-feito, deve ficar atenta para que seu mérito não seja diminuído por atitudes de puro terror, vaidade ou arrogância. Se você, por exemplo, deu uma boa sugestão, não se deprecie acrescentando "Imagino que eu não esteja dizendo nada de novo...", nem desvalorize um grande sucesso com a observação "Isso também poderia ter sido feito por outra pessoa" ou mesmo cogitar o fator "sorte". Se você executou realmente bem uma tarefa, então deixe que os outros saibam que não foi uma questão de sorte, mas de conhecimento e capacidade. Tranqüilize-se: quando você conseguir afirmar com convicção "Eu sou competente", "Sim, minha idéia foi mesmo fantástica" ou até "Agradeço o cumprimento. Sei que mereço", verá que não deixarão de considerá-la simpática, muito pelo contrário. Os outros só confiarão em você depois que tiver confiança em si mesma. Os outros só acreditarão em você depois que você acreditar em si mesma.

Evidentemente sempre existirá a possibilidade de alguma coisa não correr bem, de você não conseguir fazer algo. Em tais situações, tente resistir à tentação de permitir que todos saibam do fato. Pessoas com baixa auto-estima apresentam uma característica bastante peculiar: conseguem falar a respeito dos próprios fracassos com muita eloqüência, mas são incapazes de tecer comentários sobre os sucessos. O ideal seria que você permanecesse calada como um túmulo quando algo não correr bem. Empenhe-se ao máximo para que as outras pessoas prestem atenção às suas fraquezas e você construirá uma imagem de perdedora – e nunca de vencedora. A sensação de completo fracasso, o azar e os obstáculos só deveriam ser comentados com pessoas nas quais você deposita absoluta confiança. Em público, o que importa é enfatizar o sucesso e não demonstrar com toda a franqueza, abertamente, os pontos fracos – sejam eles reais ou imaginários. Quanto mais fizer isso, mais elevada se tornará a sua auto-estima. Eu garanto.

Estabeleça limites

Façamos um teste simples: Pegue uma folha de papel e divida-a em duas colunas. No alto da página, escreva o nome de uma pessoa a quem você tenha recentemente ajudado. Na coluna da esquerda, descreva o que você fez por ela — por conta própria ou por obrigação. Depois de cada item, assinale com um "A" o que você considera ter feito com alegria e com satisfação e com um "R" tudo o que fez com relutância, depois de vencer uma certa resistência de sua parte.

A seguir, concentre-se na coluna da direita. Anote, então, o que essa pessoa fez a você, em retribuição. Se houver, em seu círculo de amizades, outras pessoas a quem você tenha dado a sua ajuda, faça as mesmas listas para cada uma delas. Agora verifique se as listas estão equilibradas. Isso, naturalmente, não quer dizer que cada boa ação de sua parte implique em atitude equivalente dos outros. No relacionamento interpessoal, jamais há um equilíbrio perfeito. Isso significa, é claro, que a referida lista sempre tenderá para um lado quando se tratar de crianças pequenas, pessoas com deficiências físicas, doentes ou idosas. Você deve prestar bastante atenção caso, tratando-se de pessoas "normais", a coluna do lado esquerdo for muito maior do que a do direito ou quando os "Rs" forem em maior número do que os "As".

Se esse for o caso, se o resultado das duas colunas não se mostrar a seu favor, significa que você, com toda a probabilidade, é alguém que não sabe dizer *não*. Está eternamente à disposição dos outros e pronta a ouvir suas lamúrias. Sempre que alguém está com problemas, seu primeiro impulso é procurá-la. Seja com o companheiro ou com a família, você é sempre a "alma caridosa". O que fariam sem você? Às vezes você se admira do acúmulo de necessitados na sua vida. De onde vêm, afinal? Por que esses "problemáticos" estão sempre ao seu redor? Mais vezes ainda pergunta a si mesma por que, por outro lado, existem tão poucas pessoas que fazem alguma coisa por você, pessoas com quem, só para variar, você poderia abrir o coração. Uma discrepância considerável entre as duas situações, ou seja, você faz muito mais pelos outros do que eles fazem por você, evidentemente sinaliza um problema: a falta de limites pessoais. Eles são tão amplos, tão pouco nítidos, que – para manter sua imagem – seus limites são constantemente desrespeitados.

O motivo disso você provavelmente já conhece há muito tempo: quer ser amada, quer que os outros tenham uma opinião favorável a seu respeito. Espera reconhecimento e gratidão. Quer que as pessoas do seu relacionamento pensem em você de modo positivo, que digam "Que pessoa maravilhosa ela é". Você sempre se esforça – quando faz o que esperam que faça – para evitar que se irritem, jamais deixando de lhes dar atenção ou gerando sentimentos de culpa. Com a sua amabilidade, você acredita que pode "comprar" uma vida feliz na companhia dos outros.

Interiormente você já sabe há muito tempo que essa suposição não tem fundamento. Mas a que conclusão isso leva? A de que você ainda não conseguiu aprender a parar de dizer sim e amém a tudo e a todos, porque "não vale a pena fazer um cavalo de batalha por causa de um assunto de tão pouca importância". Outro provérbio talvez se aplique mais ao seu caso? Você faz muitas coisas "pelo bem-estar da nação"? Não adianta tentar ignorar: essa amabilidade toda só faz mal a você. Aparentemente, você vive em paz na companhia dos outros. Para eles, você é uma bênção. Poupa-os de confrontos desagradáveis, alivia-lhes o fardo do dia-a-dia e ainda lhes oferece um ombro amigo, onde podem chorar as mágoas. Para os outros está tudo ótimo, mas e você? Como se sente consigo mesma? Não tão bem, se for sincera. Como explica a irritação, a agressividade interior e a sensação de estar sendo explorada? E o que dizer da decepção quando os outros não mostram nenhum interesse por você ou pelas suas necessidades? Não se sente estressada por lhe sobrar tão pouco tempo para se dedicar a si mesma? Pior ainda: Não se sente uma tola por ser só você a dar, enquanto todos os outros conseguem se safar "incólumes"? Mas essas sensações negativas não lhe dão tranqüilidade. Você já está tão cheia de sentimentos de culpa que, quando vê, não tem mais vontade de corresponder às expectativas dos outros.

As mulheres estão muito mais sujeitas a se tornar "almas caridosas" ou "latas de lixo" para os problemas alheios. Desde meninas, as mulheres são mais prestativas do que os homens, como indicam diversas pesquisas. Também demonstram mais sensibilidade diante de imagens ou histórias de conteúdo positivo ou negativo. Os meninos não gostam muito de se abrir com as outras pessoas e as meninas em idade escolar preocupam-se mais com colegas de classe com problemas de saúde. As mulheres gostam de ajudar, de ser solidárias. É uma característica que as acompanha, como um estigma, por toda a vida. Quando se trata de serviço voluntário, sempre são em número significativamente maior do que os homens. As carreiras de assistente social ou relacionadas à saúde são as preferidas de 85% das mulheres, e são quase que exclusivamente femininas as preocupações com membros da família ou com amigos. Os cientistas sociais Frank Nestmann e Christiane Schmerl relatam que "Todos os estudos realizados com auxiliares indicam que há mais mulheres do que homens trabalhando como assistentes, independentemente da idade ou de alguma especialização. No dia-a-dia, conseguem ajudar mais, e isso também se aplica à família e parentes próximos, bem como à vizinhança e à comunidade, ao círculo de amigos e entre colegas de ambos os sexos."

Para as mulheres, essa situação oculta um risco de sobrecarga. Quem está sempre à disposição dos outros, inevitavelmente deixa as próprias necessidades em segundo plano e algum dia se sente totalmente consumido e esgotado. Para a auto-estima isso também funciona como um veneno. Essas pessoas, sempre amáveis, acabam percebendo que não são tão amáveis assim, o que gera insegurança. No íntimo, também sentem que os outros, para quem fazem tantas coisas, na verdade não as respeitam, e logo chegam à conclusão: pessoas menos "amáveis" são mais respeitadas e recebem mais atenção.

Para ter uma auto-estima elevada são necessários limites entre o "para mim" e o "para você", entre "as minhas necessidades" e "as suas necessidades". Se os seus limites não estão demarcados, você se arrisca a ser explorada pelo companheiro e a se anular. Para pessoas com uma auto-estima elevada, não é difícil dizer *não*. Por outro lado, as de baixa auto-estima freqüentemente, contra a própria vontade, respondem *sim*. Sempre que você sentir que a sua ajuda e o seu apoio não vêm realmente do fundo do coração, mas que você está simplesmente se colocando à disposição de uma pessoa, embora esta talvez possa demonstrar raiva ou reagir ne-

...оце, esforce-se para aprender a pronunciar mais vezes a palavra "não".

É mais fácil dizer do que fazer? Sem dúvida. Afinal de contas esse comportamento já deve estar enraizado em você há anos, talvez até mesmo dezenas de anos, e tal mudança não será possível de uma hora para outra. Gradualmente, comece a reagir às pequenas ocorrências que a deixam irritada. Por exemplo: alguém lhe dá um empurrão na caixa do supermercado. Em condições normais, você não se manifestaria, continuaria em silêncio, não está com pressa e queixar-se não é do seu feitio. Agindo assim você perde uma boa oportunidade para praticar. Se quiser defender os seus direitos com educação, mas firmeza, diga "Por favor, chegue um pouco para trás" e sentirá como é bom ser respeitada.

Quando estiver dizendo "não" com firmeza, nestas pequenas situações irritantes do cotidiano, você também encontrará incentivo para reagir da mesma maneira nas grandes ocasiões. Para começar, prepare algumas frases úteis como, por exemplo: "Imagino como esta situação é desagradável para você/o senhor/a senhora. Mas realmente não me sinto em condições de ajudá-lo nesta ocasião." Ou: "Não, hoje não posso, de forma alguma. Tenho algo muito importante a fazer." Ou ainda: "Acredito que no momento nada posso fazer, pois tenho uma opinião completamente diferente da sua neste assunto." Se a outra pessoa já tiver criado situações com as quais você definitivamente não concorda, não engula a sua raiva porque "de qualquer forma nada mais se pode fazer", mas exponha sem hesitação o seu desagrado: "Desta vez você passou por cima de mim, mas na próxima, eu gostaria que me perguntasse."

Por causa de tudo isso, esteja preparada para conflitos. Os outros a chamarão de "egoísta" ou "do contra". São reações perfeitamente normais e fazem parte do seu processo de transformação de uma pessoa que sempre diz *sim* para outra que sabe dizer *não*. Se depender de amizades verdadeiras e relacionamentos sérios, com o passar do tempo o seu ambiente reconhecerá que você não deixou de ser uma pessoa digna de confiança, mesmo que as suas próprias necessidades não sejam mais ignoradas. Afaste-se de todos aqueles que não conseguirem aceitar os seus novos limites, as suas novas fronteiras. Com o tempo você reconhecerá que nada perdeu.

Se quiser preservar e elevar a sua auto-estima, você deve estabelecer limites. Precisa reconhecer quem simplesmente a esgota e com quem a balança entre o dar e o receber está em equilíbrio. Um Eu forte também consegue suportar a idéia de que ninguém é amado por todas as pessoas. Para as pessoas com elevada auto-estima, o provérbio "É impossível agradar a gregos e troianos" é evidente. Você deveria pendurá-lo em algum lugar bem visível. Com o tempo você verá o quanto é bom não se importar quando algumas pessoas se recusam a aceitar seus novos limites, e que também é fantástico ver o que ganhou em termos de bem-estar.

Seja tolerante consigo mesma

Muitas pessoas têm algo de intimidativo em si mesmas. Com elas tudo parece acontecer naturalmente, enquanto nós precisamos nos esforçar desesperadamente: são bem-sucedidas na carreira, têm um estilo perfeito, companheiros lindos e filhos igualmente lindos. Só imaginá-los preguiçosamente deitados num sofá, usando uma calça velha e desbotada, organizando festas e mais festas ou cometendo erros já parece um completo absurdo. Em resumo, essas pessoas estão envolvidas por uma aura de perfeição. Não nos sentimos à vontade na presença dessas "superpessoas" porque, quando nos comparamos a elas, sentimo-nos inferiores.

Os encontros com esses seres brilhantes, perfeitos, normalmente não são muito freqüentes. Entretanto, se a manifestação da nossa auto-estima for fraca, então nós os veremos em todos os cantos – pessoas às quais, aparentemente, tudo acontece da melhor forma possível, de modo muito mais divertido e muito mais perfeito do que conosco. Ao nos comparar com elas, vemos como somos imperfeitas e incompletas, quanto ainda precisamos nos esforçar para atingir o objetivo que nós mesmas determinamos.

Pessoas com baixa auto-estima quase sempre são perfeccionistas. Na perfeição, buscam a própria salvação para não se sentirem inferiores ao se compararem com os outros. Acreditam que só serão aceitas quando conseguirem os 100%. Os homens são menos propensos ao perfeccionismo do que as mulheres – embora não totalmente imunes. Um projeto de pesquisa denominado "Mulheres na Política", da Universidade Técnica de Berlim, descreve uma grande parte das entrevistadas como "perfeccionistas". Muitas mulheres se reconhecerão na declaração de uma das parlamentares: ela só consegue se arriscar a discutir um tema após ter se preparado à perfeição. Muitas vezes está preparada demais, o que nem sempre acontece com os colegas do sexo masculino. Os homens aceitam o fato com mais tranqüilidade. Qual a opinião de uma outra política? "Fico muitas vezes atônita ao observar com que audácia alguns homens fazem certas declarações, homens que, sei perfeitamente, não passam de uns completos inúteis, uns idiotas."

Outro estudo suíço mostra com toda a clareza como, dependendo do sexo, as auto-avaliações podem ser diferentes. Antes de uma prova, um professor universitário perguntou às alunas se elas se sentiam preparadas. As respostas indicavam falta de segurança: "Talvez pudéssemos aprender um pouco mais a respeito." Os alunos, por outro lado, mostravam muito mais autoconfiança: "...esses assuntos nós dominamos." Uma comparação entre os resultados dos testes comprovou: as notas das alunas que se sentiam inseguras quanto ao próprio preparo foram nitidamente melhores do que as dos alunos, tão autoconfiantes.

Esse exemplo deixa evidente que, quando sob pressão, as pessoas perfeccionistas rebaixam-se desnecessariamente. Como lhes falta autoconfiança, exigem de si mesmas o máximo desempenho, e dessa maneira sofrem de um círculo vicioso: como ninguém consegue ser eternamente bem-sucedido, obtendo sempre resultados cem por cento perfeitos, o "colapso" já está previamente programado. Se os objetivos esperados não são atingidos, a pessoa perfeccionista se sente muito mal. Diversas pesquisas mostram que os perfeccionistas sofrem freqüentes crises de melancolia, dores de cabeça, problemas estomacais, dores nas costas e depressão, porque não são só implacáveis quanto às suas exigências, mas também em relação à autocrítica. Se as suas metas excessivamente elevadas não forem alcançadas, pensam que a culpa é delas mesmas e de ninguém mais. Os perfeccionistas sempre assumem toda a responsabilidade pelas próprias "falhas". Em contrapartida, quem não é perfeccionista põe a culpa "nas circunstâncias", no desempenho dos outros ou até no "azar". As conseqüências do objetivo não alcançado são as dolorosas autocensuras e pensamentos de autoflagelação.

Os perfeccionistas quase sempre são vítimas de duas maneiras erradas de pensar.

1. O pensamento do tipo "tudo-ou-nada".
O psicólogo Michael Mahoney observou que pessoas sempre em busca da perfeição em todas as áreas da vida sofrem do que pode ser chamado de "Síndrome da Santidade ou do Pecado". Por exemplo, para uma pessoa perfeccionista obrigada a seguir uma dieta de emagrecimento só existem duas possibilidades: ou ela cumpre a dieta seguindo um plano rígido, ou sucumbe. Qualquer outra hipótese está fora de cogitação. Se ela fraquejar, mesmo que uma única vez apenas, considera que falhou – o "Santo" transformou-se implacavelmente no "Pecador". O resultado são sentimentos de culpa e desprezo por si mesma. Uma pessoa assim só volta a se sentir razoavelmente bem depois de se envolver em outro projeto perfeito. O pensamento do tipo "tudo-ou-nada" contribui para que os perfeccionistas jamais consigam relaxar. O eterno medo de perder o controle é forte demais.

2. Outro modo errado de pensar é o "se – então", que obedece ao padrão:
- Se eu me esforçar mais, então obterei reconhecimento, amor e atenção.

- Se eu conseguir chegar ao meu peso ideal, então conseguirei encontrar alguém que me ame.
- Se eu trabalhar mais do que os outros, então certamente serei promovida.

Esse padrão é perigoso, porque ele nada tem a ver com a realidade. Geralmente, não há qualquer relação entre o próprio esforço e o resultado esperado.

Se você também pensa dessa forma errada, deveria esclarecer o seguinte: a perfeição não existe, é impossível. Uma coisa só é perfeita quando não tem nenhuma falha, e nada para ser melhorado. Segundo essa definição, será que uma pessoa pode mesmo ser perfeita? Em qualquer atitude, em qualquer projeto, em qualquer comportamento, não existe sempre algo que pode ser melhorado? Ninguém consegue desempenhar um papel com toda a perfeição. Mulher alguma é capaz de, ao mesmo tempo, ser boa esposa, boa mãe e ter um emprego. Nem mesmo os gênios devem considerar as suas composições, os seus filmes ou os seus romances muito perfeitos. Querer ser perfeito significa querer ser sobre-humano.

O jornal norte-americano *USA Today* uma vez comentou que o dia das pessoas verdadeiramente perfeitas deveria ter muito mais do que 24 horas: cerca de 30 minutos de ginástica; 45 minutos de cuidados pessoais; de duas a quatro horas dedicadas à família; 45 minutos, em média, para ler o jornal; de duas a quatro horas em frente à televisão; de uma a duas horas no carro ou transporte público; o trabalho devora de sete a dez horas; mais uma ou duas horas de afazeres domésticos ou jardinagem; 50 minutos sobram para o sexo e conversa com o parceiro; de duas a três horas para refeições; o sono rouba mais ou menos oito horas. Além disso, ainda deveriam encontrar tempo para ler o mais recente romance, aperfeiçoar os estudos, ouvir música, encontrar-se com os amigos... No total, segundo os cálculos dos jornalistas, um dia com 42 horas seria ideal. Embora esse exemplo possa parecer exagerado, é evidente que ele mostra como é difícil, até em termos de tempo, viver uma vida perfeita. Ele também nos faz pensar que os perfeccionistas devem viver sob uma tremenda pressão.

Você também é perfeccionista? A auto-estima sofre sob as suas exigências demasiadamente elevadas? Você é muito severa consigo mesma? Procure descobrir. Verifique se as seguintes declarações se aplicam a você e em que proporção. Dê a si mesma dois pontos (+2) quando "concordar totalmente" com a declaração, um ponto (+1) se concordar "num sentido amplo" e nenhum ponto (0) quando "não tiver opinião formada" quanto à afirmação. Considere um ponto negativo (-1) para a afirmação com a qual "provavelmente não concorda" e dois pontos negativos (-2) para a que "definitivamente não se aplica" a você.

1. Se eu não estabelecer os mais elevados padrões para mim mesma, arrisco-me a afundar na mediocridade.
2. Se eu cometer algum erro, é provável que as pessoas tenham menos consideração por mim.
3. Não tem sentido começar alguma coisa que eu não possa fazer realmente bem.
4. Sinto-me muito mal quando cometo algum erro.
5. Uma vez que me esforço bastante, o resultado de tudo o que planejo fazer deveria ser perfeito.
6. Sinto-me envergonhada quando demonstro fraqueza.
7. Não devo cometer duas vezes o mesmo erro.
8. Desempenhos medianos (sejam meus ou dos outros) são, na minha opinião, insatisfatórios.
9. Quando não consigo fazer alguma coisa ou não obedeço a um plano, sinto a consciência pesada.
10. Quando me censuro por não ter correspondido às expectativas, minha autocrítica me ajudará a obter, na próxima vez, um melhor desempenho.

Avaliação: Some todos os pontos (preste atenção, pois valores iguais com sinais diferentes se anulam, ou seja, +1 somado a −1 é igual a zero). Se você tiver obtido dez vezes o valor +2, o resultado final será +20, o que significa uma tendência ao perfeccionismo bastante pronunciada. Dez vezes o valor −2 resultará em −20, ou seja, você não tem a menor tendência ao perfeccionismo. Se o seu nível de perfeição for muito alto ou alto, você deveria examinar os objetivos que estabeleceu para si mesma e tentar atenuar a tensão sob a qual vive.

Se incorrer novamente no erro da autocensura, procure tirar alguns dias de férias. Eles são necessários para que você se distraia e deixe de se torturar, e nada melhor para isso do que exercícios de relaxamento. Um bem simples e que dá bons resultados é a assim chamada respiração nasal: tampe a narina esquerda. A direita continua aberta. Inspire pela narina direita e conte até quatro. Agora, com suave pressão, feche as duas narinas, prendendo a respiração e contando novamente até quatro. Agora tampe a narina direita e expire pela esquerda. Repita o exercício algumas vezes, com calma. Você ficará impressionada com a rapidez com que conseguirá relaxar e livrar-se dos pensamentos de perfeccionismo. A respiração nasal é um método simples, mas muito eficaz, para não perder a calma em situações críticas e ficar livre das ansiedades. Exercícios de relaxamento, meditação, ioga ou similares são outras opções úteis para uma vida menos perfeccionista – junto com um nível mais elevado de autoestima (o que será visto com mais detalhes no capítulo referente ao Décimo Mandamento).

Outra coisa que contribui para, de maneira geral, reforçar o Eu: Não tente evitar falhas e defeitos óbvios. Aprenda a lidar melhor com eles. Se você nada mais conseguir ver além de falhas pessoais, ficará cega para as oportunidades que cada uma traz consigo. Toda situação crítica proporciona possibilidades de aprendizado e desenvolvimento: pode dar motivação para mudanças há muito tempo necessárias, ajudar na tomada de decisões importantes ou incentivar a tentativa de novos caminhos.

A capacidade de reconhecer o próprio potencial positivo e destacá-lo dos defeitos exige treino. É muito importante que você não procure a causa dessas falhas ("a culpa foi minha/sou uma tola/não presto atenção"), mas sempre e tão cedo quanto possível, tentar buscar uma explicação alternativa ("a tarefa foi mesmo difícil", "isso também poderia acontecer com outras pessoas"). Se, depois de tudo, você ainda conseguir perguntar a si mesma "O que mais posso aprender com esta falha?", então é sinal de que você conseguiu passar no teste.

Não alimente pensamentos negativos a seu respeito

"Já faz duas semanas que não vou à academia... Não consegui deixar de tomar aquele copo de vinho no jantar... A mamãe está esperando um telefonema, Ralph também... Preciso buscar imediatamente o terno do Paul na lavanderia e também deveria lavar as janelas... Sexo, meu Deus, quando foi a última vez que fizemos sexo?

Pensamentos desse tipo você já conhece: Eu queria fazer isto, ainda preciso terminar aquilo – mas como resolver todas essas pendências é um mistério. Nem bem se recostou um pouco para descansar e se acalmar e eles brotam, com toda a suavidade, um pensamento depois do outro e, no final, o descanso de que você tanto precisa deixa-a com a consciência pesada. Você se repreende, briga consigo mesma ("Você é mesmo uma inútil!"), acha que só você pode ser tão desleixada, tão desatenta, tão indecisa. Os outros não têm problemas semelhantes: cumprem a dieta sem dificuldade, exercitam-se regularmente, não têm relacionamentos complicados, com lar e filhos sempre limpos e bem cuidados. Você, em comparação, é cheia de defeitos, o que a deixa com a consciência pesada.

Não se ter em bom conceito ou ficar com a consciência pesada são resultado do seu perfeccionismo. São responsáveis por você nunca se sentir realmente segura de si e forte. Minam a auto-estima, pois põem em evidência as suas deficiências, o que você poderia conseguir, se verdadeiramente quisesses. Só é necessário um pouquinho mais de esforço, um pouquinho mais de concentração e força de vontade!

As repreensões e gracejos da sua voz interior há muito já fazem parte de você. Você não pergunta que direito têm essas eternas censuras. Você tem apenas um objetivo: conseguir silenciar a voz da consciência. Acredita que isso só será possível se "fizer algo para compensar", ou seja, estiver sempre decidida a fazer outras coisas "boas". Outra dieta, ginástica todas as manhãs (a partir de amanhã), ter mais consideração pelos outros... O fim da história, entretanto, é sempre o mesmo: não cumpre o planejado. No final, a vitoriosa não será a sua vontade, apenas a consciência pesada. Quanto às boas resoluções, novamente nada foi feito.

As resoluções que comumente consideramos "boas", na verdade são, quase sempre, ruins para a nossa auto-estima. Depois não passarão de mais uma típica "boa resolução", que mais cedo ou mais tarde não será cumprida. Para quase todas as pessoas, essa história da "boa resolução" fez com que a soma dos pontos negativos fosse muito maior do que a dos positivos. As "boas resoluções" não cumpridas (ou por pouco tempo), são uma pesada carga para a nossa alma. Quando não cumprimos o que planejamos somos atormentadas pela consciência pesada e pelo sentimento de vergonha, por termos sido mais uma vez derrotadas pelo nosso desprezível ser interior. Consideramo-nos umas inúteis e, como resultado, confiamos cada vez menos em nós mesmas.

Se quiser livrar-se definitivamente dessa voz interior que não pára de sussurrar "inútil", "inútil" e reforçar a sua auto-estima, você precisa esclarecer duas coisas:

1. De onde vem a consciência pesada?
2. O que posso fazer para evitá-la?

Além disso, de onde vêm os pensamentos "Eu deveria...", "Eu preciso..."? Com toda a certeza não de você mesma. Temos à nossa volta conselheiros que nos mostram tudo o que vale a pena melhorar em nós mesmas. Revistas de moda com sugestões de embelezamento e emagrecimento, idéias de decoração para tornar a casa mais aconchegante e bonita, orientações psicológicas para uma vida livre de inquietações – o que não falta são mensagens sedutoras, ensinando como ser uma pessoa totalmente feliz.

É certo que o nosso bom senso nos diz que esses objetivos são absurdos, mas a emoção responde: Seria bom se tudo isso também acontecesse com você. Esforce-se, talvez consiga, com os seus 40 anos, ter a aparência de uma modelo de 17; talvez essa dieta funcione; talvez, no final, as 20 tentativas anteriores não fossem as corretas; talvez com esse treinamento personalizado você finalmente consiga ser como gostaria.

Todas, sem exceção, somos em maior ou menor grau vulneráveis à influência de sugestões que visam nos ajudar a melhorar a nossa auto-estima. Essa vulnerabilidade é a razão da nossa consciência pesada. Se quisermos nos libertar, temos que reconhecer essas manipulações a que estamos expostas e nos desvincular delas. Ninguém está dizendo que você não deve admirar os fantásticos vestidos daquele desenhista de moda tremendamente caro, nem que não dê atenção às sugestões para melhorar e decorar a casa, ou que não se preocupe mais com a aparência, com os cabelos ou com a vida amorosa. Nenhum problema, desde que tome tudo isso como um estímulo e que, pessoalmente, não acredite que tudo isso lhe diga respeito.

Uma pergunta sempre precisa ficar em primeiro plano: Afinal de contas, o que tudo isso tem a ver comigo? É mesmo necessário que eu fique com a consciência pesada por não ser tão bonita, tão esbelta, tão perfeita quanto as pessoas mostradas pela mídia? Suponhamos que você seja uma pintora bastante talentosa e vá a uma exposição de Picasso. Passa-lhe depois pela cabeça que é obrigada a saber pintar tão bem quanto esse grande artista? Espera-se que não. Você se inspira, mas não sente nenhum peso na consciência depois de admirar o próprio trabalho. Conhece a sua competência e as suas limitações e está satisfeita. Você também deveria desenvolver essa tranqüilidade em outros aspectos da vida. Sempre que o peso na consciência vier à tona, em primeiro lugar pergunte: Isso tem alguma coisa a ver com a minha vida? Há alguma razão lógica para eu me desvalorizar ou estou mais uma vez permitindo que me manipulem ou dando atenção a ensinamentos de *experts* que nada, absolutamente nada, sabem a meu respeito?

A segunda pergunta deveria ser: Como você mesma contribui para que sua consciência fique pesada? Se você quiser fortalecer o próprio Eu convém, com urgência, analisar a lista das resoluções "boas" e assinalar todas as que se encaixam nas três áreas seguintes:

1. Resolução do tipo "Eu lamento".
Essa resolução é do tipo que você faz quando, depois de um banquete, decide: "De amanhã em diante farei dieta." Essa decisão pode diminuir o peso na consciência. Nesse momento você se sente aliviada. A longo prazo, entretanto, as resoluções do tipo "Eu lamento" raramente são coroadas de sucesso. É muito mais provável que não as cumpramos e logo deixemos tudo ir por água abaixo. A conseqüência dessas resoluções quase sempre é a consciência pesada – por isso deveriam, de uma vez por todas, pertencer ao passado.

2. Resolução do tipo "Eu deveria".
Esqueça da mesma forma esta resolução, por detrás da

qual não existe um forte "Eu quero", mas apenas um tímido "Eu deveria". Se você afirmar "Resolvi fazer exercícios três vezes por semana", com a sensação de que *deveria* se exercitar mais, só porque é isso o que dizem os especialistas, tenho a impressão de que não a veremos com regularidade na academia ou na quadra de tênis. É impossível cumprir resoluções sem força de vontade. Em muitas ocasiões, o pensamento "Eu deveria mudar alguma coisa" tem um caráter leviano e não um objetivo sério.

3. Resolução do tipo "Não gosto de mim".
Esta é uma resolução tipicamente feminina. O motivo: As mulheres são extremamente autocríticas e, muitas vezes, embaixo dessa capa de autocrítica, pretendem efetuar mudanças onde nada existe para ser mudado. Segundo o resultado de uma pesquisa de caráter psicológico, homens e mulheres reagem às falhas de maneiras totalmente diferentes. Quando os homens cometem um erro, dizem: "Esta foi uma tarefa realmente difícil." Por outro lado, quando as mulheres não conseguem o resultado esperado, procuram a responsabilidade nelas mesmas: "Sou incompetente, distraída demais, não me esforço." A conseqüência: para evitar outros erros, as mulheres sempre procuram mudar e se aperfeiçoar. Acreditam que se forem mais determinadas, esbeltas, controladas, amigáveis, em resumo, diferentes do que são, então seriam mais bem-sucedidas e felizes.

As resoluções originárias da autocrítica são, inevitavelmente, incorretas. Por isso, caso as suas próprias decisões se encaixem nesta categoria, desista imediatamente. No final, o que você pretende alterar não tem o menor sentido. Só uma coisa muda, e para pior: a sua auto-estima.

Caso esteja insatisfeita consigo mesma, na maioria das vezes você ficará desapontada se espera, com as "boas" resoluções, que tudo melhore. As constantes autocríticas e as freqüentes tentativas frustradas para mudar não contribuirão para reforçar a sua auto-estima. Se quiser fazer algo realmente bom para você mesma, o melhor é ficar quieta. Livre-se dessas preocupações que a nada levam e procure dedicar-se a outras coisas. Para tanto, posso dar-lhe duas sugestões:

- Procure uma atividade que exija a sua dedicação total, na qual você consiga se envolver de maneira despreocupada. Não importa qual seja – ler um livro, ouvir música, arrancar ervas daninhas. O fundamental é que faça isso com toda a concentração, porque a concentração a ajuda a se livrar da insatisfação consigo mesma. Grande número de pesquisas psicológicas comprovam que as pessoas capazes de se dedicar a alguma atividade são psicológica e fisicamente mais saudáveis do que as que não se interessam por coisa alguma. A psicologia chama de *flow* (fluxo) o estado no qual uma pessoa se esquece de tudo à sua volta e até de si mesma. Como você pode encontrar alguma atividade que produza *fluxo*? Sem dúvida, oculta bem lá no fundo de você mesma, existe alguma idéia que você gostaria de colocar em prática, como aprender um idioma estrangeiro, melhorar seu nível de instrução, pintar, assistir a concertos com mais freqüência, organizar um grupo de senhoras... Não há algum *hobby* de outra época do qual precisou desistir por absoluta falta de tempo...? Ouça a sua voz interior: com certeza você encontrará a resposta.

- Outro modo de ficar satisfeita consigo mesma é desviar sua atenção para as outras pessoas. Psicólogos norte-americanos descobriram que ajudar "alivia", ou seja, quem presta auxílio é mais feliz. Mais ainda: pesquisas comprovam que, a longo prazo, um comportamento fortemente altruísta melhora o sistema imunológico e protege contra doenças e baixo nível de auto-estima. Num estudo norte-americano, perguntaram a milhares de trabalhadores voluntários e permanentes de diversas organizações de assistência social o que sentiam quando faziam algo pelos outros. A declaração unânime dos entrevistados foi sensação de euforia, aumento de energia e do nível de auto-estima. Em comparação com a vida que levavam anteriormente, quando ainda não participavam verdadeiramente da assistência social, a maioria se sentia mais satisfeita, mais em harmonia e mais feliz.

"Se quiser ser feliz para sempre, faça jardinagem", reza um provérbio chinês. Mesmo que você não tenha jardim nem uma sacada, ainda assim o provérbio pode lhe ser útil. Descubra uma atividade que possa ser regada e cuidada como uma planta. Em pouco tempo você notará que não necessita mais das prejudiciais "boas" resoluções.

Assuma a responsabilidade pela sua vida

A pessoa com uma auto-estima elevada assume total responsabilidade por si mesma e pela própria vida. Visto sob outro prisma, a pessoa responsável por si mesma eleva a própria auto-estima. A responsabilidade também é um elemento fundamental para o desenvolvimento de um Eu mais forte. Se você acredita que tudo lhe escapa por entre os dedos, que é uma vítima das circunstâncias, sentindo-se impotente e esgotada, é sinal de que a sua auto-estima chegou a um nível bastante baixo.

O que significa exatamente "Assumir a responsabilidade"? Pelo que somos responsáveis? Quanto a essa pergunta, o psicoterapeuta Nathaniel Branden dá a seguinte resposta: Somos todos responsáveis por:

- *Realizar os nossos próprios desejos.* Ninguém deve esperar que os outros adivinhem e realizem os desejos alheios. "Quando tenho algum desejo, depende de mim procurar as possibilidades e descobrir como posso satisfazê-lo", explica Branden. "Se não estou disposto a assumir a responsabilidade pela realização dos meus desejos, então não são desejos verdadeiros, mas apenas devaneios."
- *Identificá-los e satisfazê-los.* Assim como não gostaríamos que nos usassem como bodes expiatórios das decisões e atitudes alheias, também não deveríamos deixar sobre as costas dos outros as conseqüências das nossas decisões e atitudes. Isso parece evidente, mas muitas vezes não é. Freqüentemente acusamos o "destino" ou as outras pessoas, quando na verdade nós mesmas é que somos as responsáveis. "Eximimo-nos da responsabilidade", diz Branden, "quando tentamos culpar os outros pelas nossas ações – mais ou menos como na expressão: 'Ela me deixa louca' ou 'Ele me dá nos nervos'...", essa transferência da culpa enfraquece a nossa auto-estima. Se, em contraposição, assumirmos a responsabilidade pelo que fizermos ou deixarmos de fazer, teremos que lidar com um caso isolado que, embora possa ser doloroso, não causará qualquer arranhão na nossa auto-estima.
- *Tipo e qualidade dos relacionamentos.* Somos responsáveis pelo tipo de pessoa com quem nos relacionamos. Se temos a sensação de estarmos sendo usadas, precisamos decidir se devemos deixar que isso conti-

nue ou pôr um ponto final na situação. Também somos responsáveis por cultivar o relacionamento com pessoas que verdadeiramente nos interessam.
- *Ser responsável pela própria felicidade.* Muitas pessoas relacionam seus problemas atuais à infância. Relembram o passado com raiva. Em conseqüência, hoje, em vez de usufruírem as coisas boas da vida, reclamam: "Se o meu pai não fosse alcoólatra, se a minha mãe não tivesse se comportado daquela maneira, eu hoje seria mais feliz." Delegam aos pais e ao passado a responsabilidade pela própria felicidade, e se sentem vítimas. Por isso não vêem que já são adultas há muito tempo, que são elas que decidem o que fazer da própria vida.

Como hoje já se sabe, determinados fatos da infância desempenham um papel muito mais importante no nosso desenvolvimento do que até o momento se imaginava. Diversos estudos a respeito comprovam que, se uma pessoa teve uma infância problemática, isso não significa que sempre será infeliz. Por exemplo: O psicólogo Friedrich Lösel acompanhou 146 adolescentes "difíceis" durante um longo período. Ele descobriu uma série de fatores que contribuem para a resistência do adolescente, mesmo quando este teve uma infância terrível. Se os relacionamentos dos adolescentes, fora da casa dos pais, foi socialmente estável, se os professores, orientadores religiosos ou irmãos mais velhos foram exemplos positivos, se precisaram cuidar de irmãos mais novos, então também tinham condições de sobreviver a uma infância ruim sem danos permanentes. Até mesmo experiências tão dolorosas quanto abusos sexuais, pais viciados em drogas ou traumas emocionais só deixarão marcas indeléveis se, naquela época ou durante o crescimento, a criança não tiver passado por experiências positivas com outras pessoas.

Essas descobertas têm conseqüências específicas para cada um de nós. Quando não pudermos mais lançar toda a culpa sobre nossos pais, por causa de seus erros e omissões, então teremos que modificar a maneira como fazemos as perguntas. Em vez de perguntar: "Qual a experiência da infância que hoje ainda me impede de ser feliz?", deveríamos indagar: "Que capacidades me ajudaram a superar essa dolorosa experiência – e como posso utilizá-las hoje da melhor maneira possível?"

É mais fácil libertar-se dos problemas que a afligem no presente desenvolvendo uma auto-imagem positiva, considerando-se competente, e não uma vítima indefesa. Enquanto insistir nesse comportamento acusatório e se sentir impotente e esgotada, você não se livrará dos problemas. Reconheça que não foi responsável pelos anos da infância, mas que agora precisa assumir a responsabilidade, e você será capaz de transformar um destino anteriormente negativo. "Ao assumir a responsabilidade pela minha felicidade, também ganho em segurança e força", explica Nathaniel Brandon. "Assim tenho novamente a minha vida nas mãos. Antes de eu assumir essas responsabilidades, elas me parecem um fardo. No final, noto que elas me libertam."

- *Maneira de pensar*. Nos dias de hoje, pensar livremente, sem ser influenciada, não é tão simples. Estamos expostos a um fluxo ininterrupto de informações e opiniões; a tecnologia dos computadores faz com que esse fluxo seja ainda maior. Ficou cada vez mais difícil elaborar uma opinião própria e descobrir um ponto de vista. Mas se deixarmos que outras pessoas pensem por nós (a mídia, os políticos, os formadores de opiniões), a longo prazo a nossa auto-estima ficará enfraquecida. Assumir a responsabilidade pelos próprios pensamentos significa esforço e empenho. Não devemos nos alimentar com as imagens coloridas da televisão ou com o assim chamado *infotainment* (entretenimento via computador), como mostram as modernas revistas de novidades. Vale a pena o esforço para conseguir obter, e também ler, bom material informativo – revistas, jornais e livros sérios. É uma grande satisfação interior algum dia poder observar que os outros apenas lançam frases e informações infundadas ao seu redor, enquanto que você pode mostrar fatos realmente comprovados. Nada reforça mais a auto-estima do que a sensação de ser competente e bem-informada. Só conseguiremos ter um Eu estável quando exercermos a nossa liberdade de pensamento.

O psicólogo social norte-americano Martin Seligman, já na década de 1970, declarou: "Quando as pessoas acreditam que não têm nenhum controle sobre a própria vida e o ambiente, confiam muito pouco nelas mesmas e, a longo prazo, entram em depressão." Os fundamentos para a sua teoria sobre o "aprendizado da incapacidade de defesa" foram estabelecidos por experiências com animais: "Durante muitos anos, meus colaboradores e eu investigamos o efeito de situações de desespero em ratos, cachorros e pessoas. Num experimento típico, damos aos ratos um inofensivo choque elétrico, do qual não podem escapar. Depois os ratos recebem o mesmo choque em uma gaiola onde lhes é possível evitá-lo com facilidade. Mesmo nessas condições, eles nada mais tentam. Limitam-se a correr para todos os lados até que, finalmente, deitam-se passivamente e suportam o suplício. A experiência anterior lhes ensinou que aquele choque não podia ser evitado. Sentiam-se indefesos", explica Seligman, embora aquela, na verdade, não fosse uma situação com a qual não pudessem lidar.

Seligman também pôde comprovar as suas observações em entrevistas com pessoas. Da mesma forma que os animais, quando elas acreditam que não seja possível exercer influência sobre um evento, reagem como se nada mais fossem capazes de fazer. Se precisarem passar muitas vezes por essa experiência, tornam-se passivas, letárgicas e, no final, depressivas. Quem se convence de que nada pode conseguir ou mudar perde a confiança em si mesmo.

Se você também decidiu transferir para os outros a responsabilidade pelas áreas mais importantes da sua vida, não é de admirar que freqüentemente se sinta indefesa, sem energia e desanimada. Recupere a responsabilidade. Assuma novamente o leme. É o barco da sua vida – ninguém mais deveria controlá-lo a não ser você mesma. Não espere que adivinhem ou realizem os seus desejos, não tenha esperanças de que conseguirá evitar a tomada de decisões, não desperdice energia olhando cheia de ódio e rancor para o passado. Empregue-a toda no futuro. Assuma a responsabilidade. Só assim você será capaz de sentir a própria competência, característica que, como você já sabe desde a introdução deste livro, é um dos "pilares" mais importantes da auto-estima.

Não leve tudo para o lado pessoal

"Meu Deus, aquilo foi tão embaraçoso! Até agora, quando me lembro, fico cheia de vergonha." Praticamente todos já passaram por situações como essa, nas quais gostaríamos de sumir. Se o seu nível de auto-estima não é elevado, qualquer experiência embaraçosa pode se tornar uma tortura. Como no caso de uma empresária de relações públicas que apresentou ao cliente uma campanha brilhante, e só mais tarde notou um fio puxado na meia que cobria a sua esbelta perna. A lembrança de que todos aqueles senhores ali reunidos talvez não tivessem prestado atenção à sua apresentação mas, tão-somente, à meia desfiada não a deixava em paz. Seus pensamentos só giravam em torno do embaraçoso acontecimento, o sucesso não tinha mais o menor valor. A vergonha é uma sensação atormentadora, pois consegue nos bloquear por longo tempo caso levemos o ocorrido muito a sério.

As sensações de embaraço são um grande inimigo da auto-estima. Um pré-requisito para sentirmos vergonha é a falta de segurança nas nossas capacidades. Por puro medo, receamos cometer algum erro. Para tentar evitá-lo, tornamo-nos implacáveis com nós mesmas. Outro motivo é que nos sentimos envolvidas pela nossa suposta fraqueza. Os outros, real ou supostamente, estão nos enganando.

A feliz possuidora de um elevado nível de auto-estima está menos vulnerável a situações embaraçosas. Nesse caso, as próprias falhas também não deixam de ser registradas, mas não são motivo para ela se considerar uma total incompetente. Por vezes acontece-lhe de sentir o espinho de uma situação embaraçosa, mas lidará com ela sem envolvimento emocional ou simplesmente a ignorará, como mostra um estudo psicológico: Pediram a alguns estudantes de ambos os sexos que descrevessem um acontecimento no qual magoaram alguém. As narrativas foram bastante reveladoras: pessoas com elevado nível de auto-estima tendiam a se desvincular da situação desagradável e – sem que lhes fosse perguntado – transmitiam informações positivas a respeito delas mesmas: "Sou uma pessoa afetuosa", "Uma semana mais tarde venci um torneio". E justificavam aquele comportamento como razoável e necessário: "...assim foi melhor para nós dois."

Por outro lado, as pessoas com baixo nível de auto-estima sentiam-se envergonhadas por aquela má conduta e muitas vezes diziam lamentar muito o ocorrido.

Quem tem baixo nível de auto-estima está suscetível a "erros cognitivos", termo originário da terapia comportamental, que significa um fenômeno no qual as pessoas se comportam de maneira errada e prejudicial a elas mesmas.

O filósofo Epicteto expressou essa idéia da seguinte forma: "Não são os acontecimentos que deixam as pessoas perturbadas, mas o conceito que elas fazem deles." Quando algo nos é embaraçoso, quando acreditamos que precisamos nos enterrar no chão cheias de vergonha, trata-se freqüentemente de um "erro cognitivo": temos uma idéia incorreta do fato, do seu desenvolvimento e de nós mesmas.

Para reforçar a auto-estima, precisamos nos esforçar para que os "erros cognitivos" desapareçam da nossa mente – e com eles os angustiantes sentimentos de culpa.

Muitas situações que você considera "embaraçosas" tornam-se tão terríveis assim por obra dos seus próprios pensamentos. Por isso é de vital importância aprender a pensar de outra maneira. Isso acontece empregando-se o método A-B-C, uma técnica da terapia comportamental cognitiva. A letra "A" refere-se a "Acontecimento Desencadeador", "B" para "Base do Acontecimento" e "C" para "Conseqüências": Qual o impacto emocional – *Conseqüência* – desencadeado por esse acontecimento? Caso você se avalie de maneira exclusivamente negativa, você mesma será culpada pelo próprio colapso, sentindo-se infeliz, fraca e envergonhada. Mude de conceito e você será capaz de evitar a sensação de vergonha e proteger a auto-estima.

Exemplo de um encadeamento A-B-C desfavorável:

A: Durante uma discussão com um colega você diz: "Já estou farta desta eterna tortura!" Ele responde com complacência (e assim se torna superior): "Você provavelmente quer dizer discussões. Claro, se não sabemos nos expressar corretamente, melhor seria que nos mantivéssemos calados."

B: Você pensa: "Sou mesmo uma estúpida. E ele sabe disso."

C: Você se sente envergonhada.

Caso você se encontre nessa tão desfavorável linha de pensamento A-B-C, comece a discutir com você mesma: Como posso me xingar de estúpida? Será mesmo uma ignomínia empregar uma palavra errada no ardor de uma discussão? Assim como aconteceu comigo, isso já não aconteceu com outras pessoas? Continue perguntando: Há alguma possibilidade de lidar com o acontecimento de modo menos destrutivo? O objetivo dessa "conversa" com você mesma é esclarecer as suas próprias crenças e encontrar explicações alternativas. Continuando com o exemplo: Ao compreender que a culpada pelo seu modo de se expressar não é a "falta de educação", mas que se trata apenas de um deslize, você desenvolverá outra *conseqüência* emocional, que lhe permitirá reagir à observação do colega: "Parece que você jamais cometeu um erro." Ou "Você sabe muito bem o que eu queria dizer. Não mude de assunto."

No entanto, o que fazer quando você não encontra uma explicação alternativa e não consegue evitar a sensação de embaraço? Nesse caso, pise no "freio da vergonha" – avalie as conseqüências do ocorrido. O erro ou o acidente é mesmo tão trágico? O fato de você ter apresentado o seu projeto com um fio puxado na meia tem conseqüências duradouras? Provavelmente não. A maioria das situações embaraçosas que custam tantas noites de insônia às pessoas de baixa auto-estima não têm, se consideradas sob a luz da realidade, nenhuma das desastrosas conseqüências pintadas pela sua fantasia.

O método A-B-C não é apenas uma defesa útil contra as sensações de vergonha prejudiciais à auto-estima. Ele também é necessário quando você tende a levar tudo para o lado pessoal, sendo sempre afetada pelo que os outros fazem ou deixam de fazer.

O chefe, com quem você sempre trocou algumas palavras amigas, hoje passa por você a passos rápidos e só a cumprimenta com um leve movimento de cabeça. Você logo se pergunta: "Ele tem alguma coisa contra mim? Fiz algo errado? Na última reunião, meu comportamento deveria ter sido mais reservado?"

Um amigo prometeu: "Eu telefono." Já se passou uma semana e nada ainda do telefonema prometido.

Você se sente angustiada e imagina que ele talvez não queira mais a sua amizade. Será que você não se impôs demais? A alegria dele, quando a vê, é só fingida?

No restaurante você tem dificuldade para chamar a atenção do garçom. Ele atende todos os outros clientes com a maior cortesia, mas a deixa esperando. Você tem a sensação de ser uma cliente de segunda classe.

Se você leva situações como essas demasiadamente para o lado pessoal, a opinião que tem a seu respeito é muito negativa, a sua auto-estima é pouco pronunciada. Qualquer coisa, por menor que seja, a afeta. Até mesmo o que as outras pessoas fazem, você imagina ter algo a ver com você. Como as pessoas com baixo nível de auto-estima estão constantemente preocupadas com as próprias fraquezas e deficiências, é evidente que, quando as expõem, os outros logo as observam e reagem de acordo: "O chefe não me cumprimentou da maneira habitual – devo ter feito algo errado; o amigo não telefona – acho que o aborreci; o garçom não me deu atenção – não valho coisa alguma." Quem não tem consideração por si mesma, em geral não espera ser respeitada pelos outros.

A tendência a esse "egocentrismo" é bem mais intenso nas mulheres do que nos homens. As mulheres, prontamente e de bom grado, se envolvem com os sentimentos e preocupações das outras pessoas. A empatia, a tendência para sentir o que sentiria caso estivesse na situação e circunstâncias da outra pessoa, é como se denomina a faceta positiva dessa característica de dolorosa e exacerbada sensibilidade, quando a mulher leva para o lado pessoal tudo o que os outros fazem ou deixam de fazer, infligindo grandes danos à auto-estima.

Se você também tende a esse "egocentrismo" prejudicial, deveria, tão rápido quanto possível, desenvolver uma barreira de proteção para ajudá-la a lutar contra as influências do mundo exterior e tornar-se independente das opiniões alheias. Sempre que você notar que está levando algo de modo muito pessoal, experimente o método A-B-C:

Acontecimento desencadeador: O chefe não a cumprimenta. *Base do acontecimento:* Se perguntar a si mesma sem hesitação: "O que fiz de errado?", a *Conseqüência* será preocupante. Contudo, se tentar desvincular-se do comportamento do chefe e descobrir uma explicação alternativa, você não se envolverá numa turbulência emocional. A sua auto-estima se manterá intocada.

O método A-B-C a ajuda a obter controle sobre os seus pensamentos. Em suas mãos está como e o que você pensa, e se tal fato contribui para deixá-la mais enfraquecida ou mais forte. Quando notar que está pensando demais no bom ou mau comportamento de alguém, um método simples e comprovado, derivado da terapia comportamental, pode ser de grande ajuda: o método "Pare de pensar".

Você pensa: "O que o chefe tem contra mim?" Interiormente você ordena: PARE! E altera os seus pensamentos para outros, alternativos, que nada têm a ver com você. "Ele não dormiu bem, aborreceu-se com um projeto, está com problemas em casa. Seja como for, o seu comportamento mal-humorado nada tem a ver comigo. Que eu saiba, nada de mal aconteceu entre nós."

Você pensa: "Meu amigo não quer mais nada comigo." PARE! "Não, ele gosta de estar na minha companhia. Na última vez conversamos a noite toda. Ele com certeza está com problemas que não lhe permitem telefonar."

Você pensa: "Eu simplesmente sou um zero à esquerda, nem mesmo o garçom presta atenção em mim." PARE! "O bar está superlotado, ele não consegue dar conta dos pedidos."

Se você empregar esse método com regularidade, ele a ajudará a se conscientizar das "conversas" interiores negativas e, pouco a pouco, mas sem a menor dúvida, passará a silenciá-las.

Entretanto, por vezes, alguns pensamentos são insistentes. As dúvidas recusam-se a desaparecer. Nesses casos, você precisa assumir a iniciativa. Procure manter a lucidez. Quando não consegue se livrar da sensação de que tem algo a ver com o comportamento incomum da outra pessoa, não perca tempo com conjecturas. Quanto mais tempo meditar sobre o assunto, menos se arriscará a discutir o problema. Contudo, essa melancolia enfraquece a sua auto-estima. Para que isso não aconteça, converse francamente com a outra pessoa. No caso do chefe, por exemplo: "Estou observando uma mudança no seu comportamento em relação a mim. Eu o aborreci?" Com o amigo: "Já estou esperando pelo seu telefonema há uma semana. Há algum motivo por que ainda não o fez?" Com o garçom: "Você está mesmo atarefado mas, infelizmente, não tenho muito tempo, por isso gostaria de fazer agora o meu pedido."

Como você costuma agir nesses casos? Prefere não incomodar ninguém? Algumas vezes pode ser mais importante esclarecer uma situação – faça-o de modo conseqüente e objetivo. Geralmente tudo se acerta quando você pergunta: "O que isso tem a ver comigo?" Se não encontrar uma resposta, não deixe que os outros perturbem os seus pensamentos. Não leve tudo para o lado pessoal. Cuide para que a sua mente se mantenha livre para as coisas que lhe são realmente importantes.

Expresse suas opiniões com clareza e precisão

- Você fala alguma coisa, mas ninguém presta atenção.
- Você dá uma boa sugestão, para a qual ninguém reage. Mas algum tempo depois um colega apresenta como dele a idéia que você teve.
- Você tem uma opinião bastante concreta sobre onde e como passar as suas férias. Gostaria muito de ir para as montanhas, mas no final a família se intrometeu mais uma vez, e você acaba indo para a praia, para onde definitivamente não queria ir.
- Alguém faz em sua presença uma observação de caráter racista. Você se sente interiormente indignada, mas nada responde.

Situações iguais a essas lhe são familiares? Sempre lhe acontece de não conseguir transmitir as suas idéias ou realizar os seus desejos ou a princípio nem se arrisca a exteriorizá-los?

Quando a auto-estima está enfraquecida, não somos capazes de resolver essas diferentes situações. Cada nova experiência dessa incapacidade contribui para abalar ainda mais a nossa confiança. Por isso, para ter um nível elevado de auto-estima, é fundamental aprendermos a desenvolver a auto-afirmação.

A auto-afirmação é freqüentemente malcompreendida. Afirmar-se não quer dizer defender os próprios interesses com indelicadeza, arrogância ou adotando uma atitude totalmente oposta à natureza dominante. Nem significa manipular ou enganar os outros para poder alcançar seus objetivos. Protestar sem critério por qualquer coisinha, como que para mostrar: "Vejam como sou uma pessoa independente", também não tem nada a ver com auto-afirmação.

A auto-afirmação sadia significa muito mais:
- Você está convencida de que os seus desejos e conceitos são importantes e que precisam ser levados a sério.
- Você conhece as próprias necessidades e as expressa adequadamente.
- Você não esconde suas opiniões e atitudes por medo de dizer algo errado ou contrariar alguém.
- Você deixa bem claro que não está neste mundo para satisfazer as expectativas dos outros.

Na sociedade atual não é nada fácil nos afirmarmos. Para muitos, seguir a multidão parece ser a alternativa mais cômoda. Nada de chamar a atenção, diz a regra. Assim, muitas de nós têm duas faces: uma para o público e a outra particular. A face pública, na medida do possível, nada revela sobre o que pensamos e como nos sentimos. Os outros não devem de maneira alguma notar que temos outra opinião – ou ainda pior – que temos sentimentos tão "impróprios" quanto raiva, tristeza ou agressividade. Só na vida privada mostramos quem realmente somos. Muitas vezes nem mesmo ali isso hoje acontece; não nos livramos da nossa máscara. Não é de admirar: quanto mais nos curvamos em público, mais nos afastamos de nós mesmas. Chega um momento em que não sabemos muito bem quem realmente somos. Pagamos esse esforço de nos adequar com doenças físicas e psicológicas (a depressão, por exemplo, é uma conseqüência bem conhecida da autonegação); mas em qualquer caso pagamos com um baixo nível de auto-estima.

Se você não quiser diminuir a sua auto-estima e deseja ser respeitada, precisa mostrar quem é. O melhor meio para conseguir isso é desenvolver um estilo de comunicação confiante.

Segundo as pesquisas da professora de lingüística Deborah Tannen, as mulheres são muito inferiorizadas porque, pela sua maneira de falar, transmitem mensagens equivocadas. "As mulheres empregam um estilo indireto, autocrítico, e lidam com certos assuntos de uma forma que permite ao interlocutor considerá-la verdadeira – e que os homens facilmente entendem de maneira errada. Por exemplo: a mulher diz ao subordinado que não estava preparado para uma reunião: 'Desculpe, não o avisei de que este ponto estava hoje na ordem do dia.' Ela espera como resposta: 'Eu deveria saber. Você me informou.' Em vez disso, entretanto, ele se mantém calado e pensa: 'Se ela deseja assumir a culpa, que seja.'" Segundo Tannen, para mulheres que queiram se afirmar, essas atitudes de gentileza e de humildade têm conseqüências fatais, que se resumem em uma única frase: a sua autoridade ficará abalada. Não importa se as suas observações são coerentes, não importa se ela se expressa com clareza, enquanto não reconhecer que "os diálogos e as discussões ainda obedecem às regras masculinas", só com muita dificuldade conseguirá fazer com que lhe dêem atenção.

Como esclarece Deborah Tannen, essas regras são aceitas bem cedo. "As meninas logo aprendem que não é conveniente jactar-se dos próprios feitos, tecer comentários a respeito ou, independentemente da maneira, gostar de 'aparecer'. Quando, num grupo, uma menina se coloca em evidência e mostra que sabe mais, sofre muitas vezes uma reação negativa. Se tiver a audácia de dizer às outras o que precisa ser feito, essa atitude será descrita como autoritária." As conseqüências disso são, mais tarde, a falsa modéstia: para as mulheres, não é difícil renegar a própria autoridade e se equiparar a um subordinado. Nada de brincar de chefe, diz a regra, nem mesmo quando se é chefe.

Você só conseguirá se impor quando reconhecer a própria força e poder, quando expressar também verbalmente a sua inteligência. Não permita que os seus companheiros tenham dúvidas a seu respeito, sobre suas opiniões e pontos de vista. Para isso, não precisa se tornar uma sabichona. Mas enquanto você não deixar a sua posição bem clara, corre o risco de ser ofuscada pelos outros.

- Não oculte a sua luz, não se mostre mais tola do que é. Pessoas com baixo nível de auto-estima tendem a abandonar voluntariamente o campo em favor de quem demonstra mais autoconfiança e segurança em si mesmo. Para obter alguma sugestão, não hesite em fazer perguntas, finja interesse, mesmo que não tenha nenhum. Caso esteja correndo o risco de incentivar o monólogo de alguém, aja com firmeza, tome a palavra. Em resumo, intervenha, exponha a sua opinião quanto ao assunto em pauta.
- Ao externar o que pensa, tome cuidado para não fazê-lo de maneira hesitante. Conclua as frases. Não deixe que fiquem flutuando no espaço. Um estilo de comunicação com características tipicamente femininas é a não conclusão das frases. Sentenças como: "Também penso que, na verdade, esta resolução..." ou "A política da nova administração é irritante, mas... pois é..." dá margem a que os interlocutores concordem com as suas palavras ou que as terminem de acordo com o próprio discernimento.
- Comece as frases com "Eu afirmo...", "Eu quero...", "Estou convencida de que..." Evite referências vagas

como "Eu faria..." ou "Você também não pensa assim...?" Quando o interlocutor perceber que você está convencida de alguma coisa, não será capaz de anular os seus argumentos com tanta facilidade ou talvez até mesmo ignorá-los.

- Exponha os seus pontos de vista de maneira tão concreta quanto possível. Evite insinuações indiretas ou acusações. Se você, por exemplo, se sente aborrecida porque uma amiga sempre chega atrasada, não diga: "Comigo você pode fazer isso, chegar sempre atrasada." É melhor esclarecer de maneira inequívoca o que espera dela: "Gostaria de poder confiar em você. Por favor, da próxima vez, seja pontual, ou avise com antecedência, caso não lhe seja possível chegar na hora."
- Um ponto ainda mais importante, se você quiser aprender a se afirmar: Não peça desculpas sem motivo. Muitas pessoas com baixo nível de auto-estima tendem a diminuir a força das próprias declarações e atitudes com constantes desculpas. É o que imaginou a funcionária que, na reunião, atreveu-se a discordar do superior e, mais tarde, achou por bem se desculpar e se explicar. Tentativas de afirmação acompanhadas por sensações de culpa são sempre sinais de baixa auto-estima. Deborah Tannen também aconselha veementemente: "Pare de pedir desculpas a todo instante, se acha que não precisa fazê-lo. Esse é um típico ritual feminino, e contribui para que os outros mantenham a própria posição. Se você não é culpa-

da, então também não assuma a responsabilidade. Nesse caso, o melhor a fazer é morder a língua!"
- Ao expressar uma opinião, um desejo, um ponto de vista, diga "Eu acho", por exemplo. Jamais "As pessoas geralmente acham..." Faz uma notável diferença você dizer "Na minha opinião, poderíamos fazer isso desta ou daquela maneira" ou "Isso também poderia ser feito assim."
- Apenas quem não teme manifestar os próprios sentimentos consegue se afirmar permanentemente. O respeito dos outros só se tornará evidente depois que nos mantivermos firmes nas nossas opiniões e também nos nossos sentimentos. Não nos desmerecemos quando expressamos adequadamente irritação, raiva ou desapontamento. O mesmo se aplica à alegria e à satisfação.
- Evite as tentativas de igualar-se às pessoas do seu convívio cotidiano. Se você está numa posição de liderança, comportar-se como se todos estivessem no mesmo nível nada mais lhe trará além de problemas. As mulheres tendem, sem grandes demoras, a estabelecer um nível de intimidade com outras pessoas, discutindo assuntos de caráter pessoal ou permitindo que o façam. Interessam-se pelos problemas dos seus subordinados, aproximam-se na hora do almoço e perguntam-lhes democraticamente como estão passando – geralmente segundo os seus próprios conceitos. Se deseja se afirmar, deve evitar esse procedimento gentil. Não hesite em manter a necessária

distância, mesmo se você mesma estiver com problemas. Se não quiser ser responsável por minar a própria autoridade, deve expressá-la na postura e no comportamento.

Afirmar-se também significa não permitir que os outros a desviem dessa idéia. Se os companheiros estiverem habituados ao seu silêncio, considerando os seus interesses e necessidades em segundo plano, é certo que, no princípio, reagirão contra essa nova auto-imagem. Você provavelmente será alvo de reprovações e de acusações, por causa dessas atitudes tão "egoístas" e "sem consideração", que deixam a família, os filhos e os amigos em segundo plano. Não permita que isso a abale. O seu ambiente se acostumará com o fato de você também ter opinião própria e, aos poucos, a respeitará.

A capacidade verbal de se afirmar é apenas uma das faces da moeda. Conseguir a atenção *por meio da linguagem corporal* também é importante. Sabe-se há muito tempo que um baixo nível de auto-estima não se expressa apenas na maneira de falar, mas também no comportamento, no tom de voz, nas expressões faciais, no contato visual. Wilhelm Reich, um dos discípulos de Freud, estudou a correlação entre a expressão corporal e a vida interior. Atualmente, existem diversas terapias e linhas de pensamento que ajudam a reconhecer o vínculo entre a expressão corporal e as mensagens associadas. Quem tem mais a lucrar com esses conhecimentos acumulados são, naturalmente, as mulheres. Ao contrário dos homens, elas continuam a ser afetadas por demonstrações de força e dominação, e por isso transmitem sinais corporais que indicam que são fracas e indefesas. Seus métodos de dominação são restritos, afirma a psicóloga Gitta Mühlen Achs. "Espera-se que as mulheres tentem se afirmar pelo 'charme', com mensagens eróticas, lisonjas ou demonstrações de inferioridade. Agindo dessa maneira, conseguirão superar naturalmente quaisquer desvantagens." Como comprovação para essa tese ela reuniu mais de 2.000 recortes de publicidade, jornais, ilustrações e catálogos mostrando com toda a clareza que "A feminilidade é amplamente representada por meio de padrões de comportamento inocente, que expressam fundamentalmente a sua relativa fragilidade, necessidade de proteção e falta de autoconfiança". Imagens de mulheres são imagens de pessoas submissas, como o comprovam alguns exemplos retirados das compilações de Mühlen Achs:

- Enquanto os homens demonstram autoconfiança através de um comportamento sincero, calmo e tranqüilo, assumindo uma postura corporal firme e resoluta, as mulheres transmitem uma impressão de insegurança: pés juntos, pernas flexionadas e postura coleante são indicadores de insegurança.
- As mulheres mostram-se ainda mais inseguras quando retratadas sentadas. Ao contrário dos homens, não

se sentam com muita naturalidade, mas contraídas e tensas na borda da cadeira, ocupando o mínimo espaço possível.
- Outro sinal ainda mais típico de subserviência: a cabeça pendendo para um dos lados. A mulher que olha desse modo para um observador pode parecer amável, mas também inofensiva, quando não totalmente submissa, por isso essas atitudes precisam ser evitadas. Já os homens parecem "esculpidos em pedra": mantêm a cabeça sempre ereta.
- O comentário sobre o pouco espaço ocupado pelas mulheres também se aplica à posição dos braços. Os homens erguem os braços até os quadris ou cruzam-nos descuidadamente atrás da nuca. As mulheres, ao contrário, mantêm os braços colados ao corpo e evitam gesticular.
- Os homens parecem sinceros ou mostram um sorriso cínico. As mulheres têm um sorriso amável ou parecem eróticas e lascivas. Esse é outro resultado da análise das imagens. Só raramente os homens são dominados pelas emoções, enquanto que as mulheres não parecem fazer quaisquer restrições quanto a expressar o que lhes vai no coração. Seu sorriso transmite uma sensação amigável, inofensiva e obsequiosa.

Essa análise das fotos de homens e mulheres da mídia mostra a existência de expressões corporais tipicamente masculinas e femininas. Se quisermos apresentá-las sob um denominador comum, podemos afirmar: As possibilidades das mulheres demonstrarem força e de se afirmarem estão claramente restritas aos "habituais" métodos femininos. Falta-lhes, em comparação com os homens, as atitudes auto-afirmativas de força.

Para que você tenha êxito em se impor, faça o seguinte: se quiser deixar a melhor impressão possível e se afirmar, então não deve esperar que a outra pessoa – como se fosse um detetive – procure uma pista das suas capacidades. Precisa fazer com que prestem atenção em você de maneira verbal *e também* não-verbal. Deve manifestar a sua auto-estima na linguagem e nas expressões corporais. Isso acontece quando evita ciladas não-verbais:

- Não sorria quando não houver motivo para tal. Quando conversam, as mulheres sorriem com muito mais freqüência do que os homens e desse modo sinalizam: "De mim você nada tem a temer. Sou amistosa." A conseqüência desse sinal é que: pessoas que costumam sorrir sem motivo não são temidas, mas também não são levadas muito a sério. Sorrir à toa é considerado um indício de subserviência. Em resumo: mantenha-se séria quando se tratar de assuntos sérios.
- Lembra-se do olhar da Princesa Diana? Aquele tímido erguer de olhos, aquele movimento de baixo para cima? Mesmo que você talvez seja uma admiradora da Diana, não deveria imitá-lo de forma alguma. Olhares indiretos, focalizados de baixo para cima,

significam qualquer outra coisa, menos autoconfiança. É melhor manter o contato visual com a outra pessoa. Mas cuidado, nada de olhar fixo. Gerará insegurança no interlocutor e uma sensação desagradável.
- Fique atenta ao modo como gesticula. Todas as pesquisas demonstram que os homens falam com as mãos e com os pés. Fazem movimentos amplos, por isso necessitam de muito espaço, embora se exteriorizem corporalmente com mais parcimônia do que as mulheres. Psicólogos que observaram homens e mulheres em conferências comprovaram: os homens, em média, movimentam-se 12 vezes, enquanto que as mulheres o fazem em número claramente maior, a saber, 27 vezes. No entanto, a quantidade de gestos nas mulheres é menor do que a dos homens: elas mexem nos cabelos ou nos objetos de adorno, movem os dedos e as mãos quando conversam, mas a movimentação é mais comedida. Os observadores muitas vezes consideram os gestos femininos como sinais de nervosismo e eles mesmos sentem-se pouco à vontade com as manifestações corporais das mulheres. Por isso: seja moderada com a gesticulação. Não mexa nos cabelos, não brinque com o colar e deixe em paz os lóbulos das orelhas. Em vez disso, decida-se pelos amplos movimentos de braços e mãos.
- Como pessoa com baixo nível de auto-estima, tente, de preferência, não se fechar. Seu corpo também se encolhe. Jamais pensaria em ter direito a ocupar um espaço muito grande. Pernas bem unidas, braços cruza-

dos e postura curvada são as suas "marcas registradas". Um treinamento muito bom para começar: imagine que, bem no meio do seu peito, existe um cordão que a puxa para cima. Instintivamente você adotará uma posição ereta, os ombros se endireitarão, a cabeça ficará mais erguida. Além disso: quando você precisar de espaço, ocupe realmente espaço! Não sente na borda da cadeira, mas ocupe todo o assento. Não envolva a perna da cadeira com as pernas, mas repouse os pés, um pouco afastados, firmemente no chão.
- Preste atenção: Você sai automaticamente do caminho das outras pessoas no corredor da empresa? Desvia-se, enquanto outros – geralmente homens – seguem seu curso direto? Psicólogos norte-americanos observaram o comportamento de homens e mulheres em uma rua estreita. Para que um conseguisse passar pelo outro, alguém teria que se desviar. Segundo todas as regras da cortesia, o homem deveria ceder espaço quando uma mulher viesse em sua direção. Nessa pesquisa, contudo, não foi o que aconteceu: as mulheres desviavam-se tão prontamente dos homens que eles nem tinham tempo para gestos de cortesia.

Esse estudo também mostrou: as mulheres exigem muito pouco espaço para elas mesmas, por isso, na próxima oportunidade, faça a seguinte tentativa: não se desvie. Mantenha-se na sua trajetória – e espere para ver como se sente bem quando outra pessoa lhe cede espaço.

Se você quiser que a sua força interior e sua competência sejam reconhecidas e respeitadas, precisa melhorar a qualidade da sua "apresentação". Postura firme e tranqüila, gestos demonstrando segurança, já são meio caminho andado. Se, além disso, ainda conseguir fazer com que os sinais enviados pelo seu corpo se harmonizem com a sua expressão exterior, então você não será mais um obstáculo no próprio caminho.

Aceite seus pontos fortes e fracos

"Que tal estou?", "O que diz a balança?" Todos os dias, antes de sair de casa, você se posta em frente ao espelho, examinando-se com olhar crítico, para ver se continua mantendo uma ótima aparência. Só em raras ocasiões o resultado dessa inspeção está de acordo com as suas expectativas: a balança mostrou quilos demais, a roupa cara a deixa pálida e o penteado também não está bom. Você não está satisfeita, principalmente com a própria aparência.

Não é necessário muito esforço para imaginar a sua reação intensa e espantada quando, logo de manhã cedo, a imagem refletida no espelho não lhe agrada. A mulher que, durante o dia todo, não consegue se livrar de pensamentos como "Não posso comer muito" ou "Espero que ninguém repare nos meus olhos inchados", não pode se concentrar no que é realmente importante – as suas obrigações, os seus projetos, os seus objetivos. A preocupação com a imagem exterior custa-lhe o mesmo dispêndio de energia quanto a tentativa de se manter fiel a uma dieta rigorosa.

Uma bem-sucedida gerente de marketing tem o que considera um problema estético. No instante em que se irrita, aparecem-lhe manchas vermelhas no pescoço. Embora oculte essa atitude crítica com cachecóis, nas reuniões não consegue pensar em outra coisa além de "Espero que eu não fique toda manchada!" Isso a deixa tão nervosa que o pescoço – naturalmente – fica vermelho. Do mesmo modo que a centopéia poderia tropeçar se, repentinamente, começasse a se preocupar com a pata que deveria mover depois da anterior, nas mulheres, as constantes preocupações com a aparência exterior também geram insegurança. A insegurança diminui o desempenho e enfraquece a auto-estima. As mulheres que não param de se preocupar com a própria aparência jamais conseguirão perceber a própria força.

Além disso, hoje em dia é bastante difícil para a mulher se defender contra o assim considerado padrão ideal de beleza, de extrema elegância e discrição moderada. Na mídia e no mundo da propaganda, ela só vê modelos excessivamente magras e com rostos simétricos. No entanto, se não quiser permitir que a auto-estima seja enfraquecida por preocupações com a beleza, a mulher precisa entrar nessa luta. As considerações que se seguem talvez a ajudem:

O culto à beleza é empregado como arma contra a emancipação feminina. Para que as mulheres não se tornem mais fortes, critica-se a sua aparência, incentiva-se a insegurança que, independentemente de outros motivos, já existe e assim evita-se que elas saiam de dentro do armário. Essas estratégias não se aplicam apenas a mulheres anônimas, pois nem as preeminentes conseguem escapar dela. Por que a política Heide Simonis deve permitir que se façam observações maliciosas sobre os seus "chapéus e brincos inacreditáveis"? Por que a imprensa pôde tecer elogios sobre as belas pernas da moderadora da TV Margarethe Schreinemakers, enquanto que, ao mesmo tempo, zombava da sua voz "insuportável"? Por que nenhum jornalista escreve artigos criticando a dicção murmurante do noticiarista Alexander Niemetz do "Heute-Journal", por que ninguém comentava coisa alguma sobre um sujeito com voz fanhosa, entrevistador informal (e que ao mesmo tempo também abriu caminho para Stefan Aust, seu animado sucessor) e que não era propriamente um colírio para os olhos? A resposta é óbvia: os rígidos padrões de beleza só se aplicam às mulheres – e em especial àquelas que ousam se aventurar abertamente nas, até então, esferas masculinas.

É fundamental estar sempre consciente deste mecanismo: atribuindo excessiva importância à aparência, você fica a serviço do mundo masculino, que ainda gosta de manter as mulheres à parte. Enquanto pensar que o seu valor pessoal depende da aparência, você estará de mãos atadas no que diz respeito à auto-estima. Se quiser se libertar, é de importância fundamental aprender a aceitar a sua aparência. Para tal, existem dois caminhos: o primeiro passa pela cabeça e o outro pelo corpo.

1. *Tome consciência da sua beleza e modifique sua opinião sobre ela.*

Você sabia, por exemplo, que o conceito amplamente divulgado segundo o qual a vida é mais fácil para as pessoas bonitas não corresponde à realidade? Para as mulheres, uma aparência atraente só é vantajosa quando se candidatam a uma função subalterna. Quando se trata de posição de liderança, candidatas muito bonitas têm menos chances do que a mulher "média". Candidatas atraentes não tardam a receber dos chefes o rótulo de "excessivamente femininas", o que ainda continua sendo sinônimo de "incompetente". Além disso, estudos demonstram que mulheres muito bonitas raramente conseguem uma promoção e que, quando se trata de desempenho, seus conhecimentos são menos levados em consideração do que os fatores externos (sorte, circunstâncias favoráveis).

As pessoas bonitas não são mais confiantes nem mais inteligentes. Também não têm mais amigos do que as menos atraentes. Resultado muito interessante de uma pesquisa: mulheres satisfeitas com a própria aparência e que se consideram atraentes (embora não estejam de acordo com os padrões vigentes de beleza ideal), são mais confiantes e seguras delas mesmas do que as mais bonitas. Estas, a despeito da beleza, sempre têm algum motivo de queixa quanto à própria aparência.

A auto-estima estável protege contra o culto compulsivo à beleza. Quem tem certeza da sua, quem se julga competente e digna de ser amada, não se deixa tiranizar tão facilmente pelos padrões de beleza. Assim chegamos ao segundo ponto: como você pode aprender a aceitar a sua aparência.

2. Preocupe-se menos com a sua aparência exterior.
Estudos psicológicos comprovam que mulheres com baixos níveis de auto-estima muitas vezes têm uma imagem negativa do próprio corpo. Em uma dessas pesquisas, pediu-se às participantes que fizessem uma estimativa das dimensões de uma caixa. Algumas se mostraram bastante precisas. Depois deveriam declarar as medidas dos próprios quadris, do tórax e da cintura. Em média, elas cometeram erros de 25% para mais. Até mulheres com peso ideal ou um pouco magras imaginavam-se mais gordas do que eram na realidade.

Motivo principal para essa imagem corporal distorcida: a eterna comparação com as esbeltas, atraentes e joviais figuras da mídia. A psicologia social chama de "prestar atenção em nós mesmas" o hábito de nos compararmos com os outros, freqüentemente questionando se estamos em conformidade com os "padrões", em dúvida se somos suficientemente bonitas e se somos suficientemente inteligentes. Se quiser fortalecer a auto-estima, você precisa dominar essa insegurança e eternas comparações. Sempre que você olhar com admiração para aquelas fotos de *top-models*, tente lembrar-se do que uma delas, Cindy Crawford, disse uma vez: "As mulheres normais queixam-se por não serem parecidas com Claudia Schiffer ou Cindy Crawford. O que não sabem é que nós também não somos parecidas com elas."

Os padrões para a própria aparência e para o corpo só deveriam ser a saúde e o bem-estar físico e psicológico, e não as medidas das modelos ou atrizes. Enquanto você se comparar com as outras, inevitavelmente continuará descontente com a aparência. Se, no entanto, conseguir sentir-se satisfeita com o próprio corpo, então não desperdiçará mais a sua força e energia em preocupações inúteis com a beleza.

Nem é tão difícil fazer as pazes com aquilo que a Mãe Natureza lhe deu. Métodos simples, aplicados com regularidade, contribuem para a sensação de bem-estar e autoconfiança.

Mexa-se: Inúmeras pesquisas comprovam: pessoas que se exercitam com regularidade têm uma atitude mais positiva em relação ao próprio corpo. E não é só isso: Quem tem bom preparo físico, também tem um nível mais elevado de auto-estima e se exterioriza de maneira mais positiva do que as pessoas preguiçosas. Quer pratique algum esporte, faça ioga ou simplesmente se exercite ao ar livre, tudo é válido, desde que feito com determinação. O importante é apenas obedecer a dois fatores: exercitar-se com regularidade e divertir-se fazendo isso.

Concentre-se no que lhe proporciona satisfação: Deixe de ruminar a todo momento sobre o que não considera muito bom em você mesma. Além do culote nas coxas ou do nariz muito grande, com certeza existe algo com o qual você está satisfeita. Lembre-se disso na próxima vez em que a crítica por algum ponto fraco do seu corpo a atormentar novamente.

Alimentação: Evite aquelas dietas "milagrosas" e, uma vez por semana, pese-se. Preocupe-se em manter uma alimentação equilibrada, constante. Se precisar mesmo emagrecer (em caso de dúvida, consulte o médico), decida-se por uma alteração lenta e duradoura nos seus hábitos alimentares. Não se iluda com o peso tão almejado, mas irreal. Esforce-se para manter o peso pessoal, aquele com o qual você se sente bem, o que pode ser descoberto do seguinte modo: Qual o menor peso que, na vida adulta, você conseguiu manter pelo menos durante um ano? Ainda mais: O tamanho das roupas precisa mesmo ser tão pequeno? Com que tamanho você ficaria satisfeita?

Sempre que reprovar algo na sua aparência, entenda o seguinte: assim você mesma se enfraquece. A autocrítica é sempre exagerada. Além disso, saiba de mais outra coisa: as outras pessoas não são tão observadoras quanto você mesma. Na verdade, nossos companheiros preocupam-se muito menos com a nossa aparência do que intimamente imaginamos. Cada um está tão voltado para si mesmo que quase não presta atenção na aparência do outro, como o psicólogo norte-americano Kenneth Savitski pôde comprovar em uma série de pesquisas. Em um dos experimentos, as estudantes deveriam vestir uma camiseta bem chamativa com a caricatura do cantor Barry Manilow e permanecer durante algum tempo em uma sala de aula superlotada. Todas as estudantes tinham certeza de que, com aquela peça de roupa, causariam sensação. No entanto, uma pesquisa subseqüente mostrou que menos da metade das pessoas presentes naquela sala conseguiu lembrar-se da camiseta.

Os participantes de outro estudo também se mostraram pouco atentos: eles deveriam declarar se, no dia anterior, as colegas teriam parecido mais atraentes do que o normal. A maioria não se mostrou em condições de reconhecer qualquer mudança. Por outro lado, os participantes do teste *conseguiram se lembrar* de que naquele dia se sentiram especialmente bem ou de que – por exemplo – não gostaram do penteado, não estavam adequadamente vestidos ou que uma espinha lhes deformara o nariz.

É óbvio que as pessoas não se interessam muito pela aparência alheia. Todos conhecemos esse fenômeno – ou você consegue mesmo se lembrar da roupa que a colega usava ontem? Está vendo? Na próxima vez em que não se sentir satisfeita com você mesma, tente lembrar-se dessa tranqüilizadora "falta de atenção". Preocupe-se com o seu bem-estar, com a saúde e com a satisfação pessoal. Pare de se martirizar com a própria aparência. A auto-estima agradecerá!

Não seja um obstáculo ao seu sucesso

Que "mandamento" mais tolo, você talvez agora esteja pensando. Qualquer pessoa gostaria de ser bem-sucedida. Ninguém, voluntariamente, escolheria o fracasso em vez do sucesso, porque nesta sociedade os fracassados não têm valor algum. Não é por acaso que existem revistas e livros cheios de conselhos sobre o meio mais seguro de se atingir os próprios objetivos. Mesmo assim, existem pessoas que temem o sucesso como o diabo foge da cruz. Infelizmente, na maioria das vezes, não sabem disso: seu medo permanece subconsciente, embora afete a sua maneira de agir.

As pessoas que receiam o sucesso são como cavalos de raça: nervosos, galopam sem cessar, vencem obstáculos, saltam sobre largos cursos d'água. Mas em algum momento aparece uma cerca diante da qual empacam. A despeito de terem percorrido intrepidamente o caminho até ali, essa barreira causa medo. Para muitas pessoas com baixo nível de auto-estima o nome daquela barreira é "Poder", "Influência" ou "Mudança".

Isso se aplica àquela secretária cuja eficiência chamou a atenção do setor administrativo e que teve a chance de ser promovida ao posto de chefe. Não é a única candidata, mas "está em boa posição na corrida". No entanto, pouco antes da chegada, "falta-lhe fôlego". Gosta do horário variável e, principalmente, está muito satisfeita com o superior atual, de modo que resolve retirar a própria candidatura.

Ali está a infeliz esposa do médico, que organiza com perfeição a vida da família e ainda consegue tempo para ajudar no consultório. Ela sabe que pode fazer mais. Deseja uma tarefa expressiva, variada. Ao ler, de passagem, um anúncio no jornal, candidata-se – e é chamada para entrevista. Em vez de se alegrar, depara-se com o medo e cancela o compromisso. Para ela, saber que tinha possibilidades é suficiente.

Outro exemplo é o da mulher de 45 anos que gostaria de fazer mais pelo próprio corpo. Expressão corporal seria divertido, mas ela quer algo mais: aprender balé. O pensamento nem se manifestou direito e já começa o "mas...": "Já estou velha demais para isso, sem elasticidade, sou pouco talentosa." Desiste antes mesmo de dar o primeiro passo, e assim jamais descobrirá de quanta satisfação se privou.

No momento em que algo exige firmeza e ação ou apenas uma pequena mudança, as pessoas com baixo nível de auto-estima se amedrontam e desistem. Ficam com medo e acreditam que aquele novo desafio é um capricho infantil. Muitas vezes apresentam razões bastante plausíveis para justificar o medo: Não têm mais tempo para a família, de qualquer maneira a idéia não é fazer carreira, não gosto de mandar...

Qual o motivo para esse estranho comportamento? O medo diante das próprias realizações abriga todos os pensamentos e padrões de comportamento típicos de baixa auto-estima: a incapacidade de orgulhar-se de si mesma, o perfeccionismo, o terror da crítica, o medo da responsabilidade, os pensamentos negativos sobre as próprias capacidades. Tudo isso junto leva a um comportamento que se poderia considerar como "auto-sabotagem". A conclusão é evidente – para as pessoas com baixos níveis de auto-estima, os motivos dos seus tropeços são elas mesmas.

Os psicólogos descobriram que a já referida atenção exagerada em si mesmas, característica de pessoas com pouca autoconfiança, é uma das razões fundamentais para essa "auto-sabotagem". Em inúmeras pesquisas foi possível confirmar: muitos indivíduos que se encontram em situações de teste nada aproveitam do elogio e do reconhecimento, muito pelo contrário: o elogio os deixa sob pressão. Começam a se controlar cada vez mais, acreditando que precisam ser ainda melhores. Analisam-se, restringem-se – e o desempenho cai.

Exemplo de pesquisa: Até a idade de doze anos, as crianças gostam quando têm platéia para assisti-las tocando algum instrumento musical, participando de peças teatrais ou algo semelhante. Seus desempenhos são significativamente melhores do que quando o fazem sozinhas. Esse comportamento, contudo, altera-se quando entram na puberdade. Nessa época, sentem-se pouco à vontade quando os seus interesses não são mais os mesmos. Tornam-se retraídas, inseguras e deixam de aproveitar oportunidades. Nessa fase crítica da vida, quando são atormentadas pelas dúvidas e problemas de identidade, detestam ficar em evidência, pois isso aumenta a consciência que têm delas mesmas, o que consideram muito estressante, pois acreditam que delas serão esperados desempenhos ainda melhores.

Assim também pensam as pessoas que estão sempre nos consultórios dos psicoterapeutas, quando fazem progressos e suas condições melhoram. A psicoterapeuta Karin Horney descreveu esse fenômeno. Na opinião dela, depois de uma terapia bem-sucedida, esses pacientes temem não conseguir satisfazer as possíveis expectativas e exigências dos companheiros.

O sucesso sempre inspira medo se não for acompanhado de valorização pessoal. As pessoas de baixa auto-estima, que estão sempre duvidando delas mesmas, comparando-se com outras, criticando-se, são exatamente as que não se dão valor nem gostam de chamar a atenção, por isso preferem evitar o sucesso.

O medo ante o sucesso pode ter vários motivos:

- Umas receiam que, devido ao sucesso, as pessoas esperem mais delas e que não sejam capazes de corres-

ponder. Estão convencidas de que no próximo desafio, desabarão estrondosamente.
- Na opinião de outras, o sucesso as deixa sujeitas a ataques. O sucesso evidente as catapulta para a notoriedade – justamente onde as pessoas com baixa auto-estima muitas vezes se sentem pouco à vontade.
- Outras também imaginam que os companheiros têm inveja das suas vitórias, mostrando ressentimento e podendo até mesmo evitá-las. Então, por causa da inveja, preferem desistir do que conseguiram. A auto-estima delas não aumenta quando, devido às conquistas, sentem-se distantes dos outros. Como receiam perder a afeição dos companheiros, para elas, nada daquilo tem qualquer valor.

Os psicólogos da década de 1960 já haviam descoberto que o medo do sucesso é um fenômeno basicamente feminino. Naquela época comprovou-se que mulheres de sucesso eram consideradas "não femininas" e, em decorrência, rejeitadas. Ao contrário dos homens bem-sucedidos, as mulheres precisam pagar as suas experiências de sucesso com solidão e isolamento.

Nas décadas que se passaram, a situação das mulheres certamente sofreu uma alteração drástica. Enquanto que na década de 1960 as mulheres que trabalhavam fora eram minoria, nos dias de hoje é evidente que elas têm os mesmos direitos à educação e às oportunidades de emprego. Caso as pesquisas psicológicas daquela época fossem repetidas hoje, o resultado, sem dúvida, seria outro. Ninguém mais afirmaria que as mulheres deveriam ter medo de serem castigadas pelo próprio sucesso. E mulher alguma teria receio de que o sucesso poderia fazer com que deixasse de ser feminina. Não, ninguém mais diria tal coisa nos dias de hoje. Mais ainda: as mulheres continuam a ter medo da própria força. A muitas aplica-se o que Nelson Mandela, presidente da África do Sul, disse a respeito do seu povo: "Nosso maior medo não é que não tenhamos valor. Nosso maior medo é que somos imensamente fortes. É a nossa luz, e não a nossa escuridão, o que mais tememos."

Nas quatro décadas passadas, as mulheres puderam comprovar como podem ser fortes, que – se assim o quiserem – para elas não existem quaisquer restrições "naturais" em área alguma. Essa nova força adquirida não lhes trouxe apenas felicidade: elas precisaram compreender que o mundo masculino, embora pudesse lucrar bastante com as suas capacidades e talentos, não recebe necessariamente de braços abertos a emancipação do sexo feminino e suas particularidades associadas; muito pelo contrário, no caminho para o sucesso, receando que elas consigam funções onde pouco ou nenhum esforço seja exigido, os homens tentaram e ainda tentam refreá-las. Ao contrário dos homens, as mulheres não têm uma família que lhes dê apoio ou descanso: precisam cuidar, ao mesmo tempo, da família e do emprego. Essa dupla jornada, as estruturas e jogos masculinos pelo poder, são os mais freqüentes responsáveis pelas mulheres responderem "Não, obrigada" ao sucesso. Elas não têm vontade de assumir ainda mais responsabilidades, não se sentem em condições de se sobrecarregarem em dose dupla ou tripla sem obter apoio constante.

Além disso, o conceito de poder ainda desencadeia reações de defesa nas mulheres. Muitas pensam que "Poder é manipular os outros, impor a minha vontade sobre os outros. Não desejo isso, não sou assim", explica a professora de psicologia Andrea Abele-Brehm. Na opinião dela, as mulheres hoje poderiam conseguir muito mais se não apresentassem o sintoma descrito por Harriet Rubin, autora de *Magersucht der Macht* (*A Anorexia do Poder*): "É fácil reconhecer uma mulher que sofre desse tipo de anorexia. É emocionalmente delicada, concorda com rapidez e é praticamente incapaz de dizer não, mesmo que a condição lhe seja vantajosa. Dispensa elogios. Se alguém quer ajudá-la, responde: 'Não, obrigada, posso fazer isso sozinha.' — Observa pessoas poderosas e tenta se igualar. O armário está cheio de vestidos pretos e beges, as cores da tristeza e da simulação. Sua maneira de se expressar revela dependência. A todo instante emprega palavras como 'muito' ou 'realmente'. Diz: 'Isto está mesmo muito bom, muito bom', como se a sua opinião tivesse tão pouca importância que ela sente necessidade de enfatizá-la."

Lá estão eles novamente – os sintomas de uma baixa auto-estima: incapacidade para impor limites; não dar o devido valor à própria competência, supervalorizando a dos outros; evitar sobressair-se. Caso sinta a própria força, se notar que eventualmente pode ser melhor do que uma outra, ou se reconhecer que as suas opiniões talvez entrem em choque, então recolhe-se rapidamente para a cobertura protetora da sua concha. É melhor evitar o poder e a influência do que se expor ao vendaval que se segue a quase todo sucesso.

Quando os partidos SPD e VERDE, depois de vencerem a eleição no outono de 1998, começaram a trabalhar na organização das nomeações para os diversos cargos, as mulheres do SPD sentiram que foram deixadas de lado. Queixaram-se ao responsável pela distribuição dos cargos, alegando que não estavam sendo devidamente respeitadas. Para a maioria das posições associadas ao poder foram nomeados homens. O principal responsável por tal procedimento foi, basicamente, o velho pensamento patriarcal do SPD e a falta de disposição por parte dos homens de, voluntariamente, abrir mão da influência. As mulheres, entretanto, foram as próprias responsáveis por aquela situação: deixaram de, previamente, organizar os seus batalhões a tempo. Deixaram de, no devido tempo, declarar as suas pretensões aos cargos de liderança e preparar publicamente as bases para as mulheres adequadas. As poucas cogitadas para cargos de influência tinham (boas?) razões para recusar, como declarou a revista de notícias *Focus*, número 49/1998: "Nenhuma correligionária teve coragem de se candidatar à liderança do partido, um cargo de grande influência, e para o qual a consciência política também exige capacidade de consenso e vontade de trabalhar. 'Não faz parte do meu plano de vida', desculpou-se Anke Fuchs... A especialista em assuntos econômicos Ingrid Marthäus-Maier lutou durante 22 anos no Parlamento, referindo-se a batalhas entre ela mesma e os matadores do SPD. Ulla Schmidt, uma ruiva sem papas na língua, representante da Renânia, defensora da natureza, prefere 'praticar mais uns quatro anos como deputada'." Para a *Focus* não restam dúvidas de que as parlamentares são, elas mesmas, culpadas pelas próprias derrotas. "Elas não queriam o poder, mas invejavam o dos homens."

Será que as mulheres não desejam mesmo o poder? Não é tão simples assim. Nem mesmo diante da evidência dos fatos os homens reconhecem que, embora mais capacitadas, as mulheres nas posições de poder contam-se, no máximo, nos cinco dedos das mãos. Mas uma coisa não se pode negar: as mulheres ainda se encontram em uma situação de doloroso conflito: querem a participação no poder, querem ser bem-sucedidas – mas a sua constituição psicológica sempre coloca um freio nas suas pretensões. Naturalmente mulher alguma o descreveria de tal maneira, mas apresentaria, com argumentos convincentes (veja fatos anteriormente descritos), razões pelas quais não poderia aceitar tal posição, realizar tal tarefa, aceitar tal desafio. Só em casos isolados esses argumentos talvez não sejam fictícios. A maioria deles, entretanto, serve apenas de álibi. As mulheres evitam influências e sucessos porque não desejam chamar tanta atenção ou atrair inveja, e também porque receiam que o sistema de poder, cujas características ainda são masculinas, não tenha maturidade suficiente. Perdem sistematicamente oportunidades de cargos, pois recusam-nos de bom grado.

O professor de psicologia Robert J. Sternberg estudou profundamente a diferença entre as pessoas bem-sucedidas e aquelas com as quais tal não acontece. Segundo ele, para se atingir um objetivo, é necessário o que chama de "inteligência para o sucesso". Mulheres têm um quociente de inteligência particularmente elevado, quando se trata da inteligência social: empatia, tato, solidariedade, facilidade para se relacionar, são as suas qualidades evidentes. Pouco desenvolvido, contudo, é o QIS, ou seja, o Quociente de Inteligência para o Sucesso. Praticamente todas as mulheres apresentam deficiências nesse ponto e é bastante natural naquelas com baixo nível de auto-estima.

A vontade de ser uma pessoa bem-sucedida é condição indispensável para o elevado nível de auto-estima. Para isso é necessário treinar sistematicamente a inteligência para o sucesso. Sempre que o sucesso a "ameaçar", fazendo-a sentir que o que gostaria mesmo de fazer era fugir dele, você deveria fazer uma pausa e pensar no seguinte:

- Sentir medo é perfeitamente normal. Mas em vez de permitir que esse terror a derrote, você deveria compreendê-lo. Do que, exatamente, você tem medo? Da responsabilidade, do desafio – ou das conseqüências?

Por quê? Você o conquistará quando determinar que se sente "realmente" em condições e que os seus receios nada têm a ver com a situação de sucesso. Aceite o desafio, mesmo que – em sentido figurado – seus joelhos estejam tremendo. Só o medo superado é medo conquistado. Na próxima oportunidade de experimentar o sucesso, você terá mais coragem.

- Preste sempre atenção à sua voz interior. Você deveria realmente recusar muitas propostas de sucesso: quando a responsabilidade não corresponder ao seu objetivo, quando estiver correndo o risco de ir contra seus próprios princípios, é melhor desistir. Mas, caso a sua voz interior diga que a oportunidade oferecida significa uma verdadeira possibilidade de crescimento, livre-se de todos os "Quando", "Se" e "Mas" e aproveite a chance.

- Esteja preparada para falhas e reveses. Não tenha medo das injustiças. Quem deseja ser bem-sucedida precisa estar preparada para a batalha. Você raramente atingirá incólume o seu objetivo. Pessoas com inteligência para o sucesso sempre levam tal fato em consideração. Aceitam os erros, os acontecimentos e os desafios, porque eles contribuem para o próprio desenvolvimento.

- Compreenda que, na maioria das vezes, o sucesso também gera solidão. Quando outros, não tão bem-sucedidos, se afastam de você, nem sempre é por inveja. Respeito e atenção, da mesma forma, contribuem para o distanciamento. Por outro lado, esse distanciamento

é necessário, se você quiser atingir os seus objetivos. A constante preocupação com os outros, o esforço para deixá-los satisfeitos e o desejo de ser amada contribuirão para que só veja o sucesso de longe.
- Esteja preparada para as críticas. Justas ou injustas, as críticas estarão presentes quando você se arriscar sob as "luzes da ribalta". Robert J. Sternberg afirmou que pessoas com inteligência para o sucesso são particularmente sujeitas a críticas. A crítica justa, longe de abalá-las interiormente, incentiva-as. Se a considerarem injusta, ignoram-na o mais rápido possível.
- Pessoas bem-sucedidas não esperam que uma chance lhes seja oferecida. Mostram iniciativa própria, emitem opiniões, valorizam-se e sinalizam: Estou pronta! Se você continuamente esperar um "chamado" na segura e enfadonha segunda fileira, provavelmente esperará muito tempo.

Sempre que se deparar com um "risco de ter sucesso", tenha certeza do seguinte: você não está sendo egoísta ou egocêntrica quando luta por seus próprios interesses ou objetivos. Querer ser bem-sucedida é um pré-requisito importante, talvez o mais importante, para uma forte auto-estima. O sucesso lhe mostra: Eu valho alguma coisa. E essa sensação, por sua vez, contribui para o crescimento da sua autoconfiança. Quanto mais vezes conseguir atingir os seus objetivos, mais desafios você aceitará. É a melhor maneira de se proteger contra a falta de segurança em si mesma.

Faça o bem a si mesma

Depois que você decidir não deixar mais que a sua auto-estima seja pisoteada (ou você mesma pisoteá-la), quando estiver pronta para se lembrar, diariamente, dos nove mandamentos apresentados, então já estará a meio caminho de ser interiormente forte. No entanto, independentemente do que faça, de maneira alguma deixe de dar a devida atenção a este último e mais importante mandamento. O mandamento "Faça o bem a si mesma" a ajuda a manter constantemente uma distância saudável das exigências do dia-a-dia e a descobrir os seus direitos e a sua implacabilidade. Também contribui para uma tolerância inabalável e, para que, tranqüila, você veja os "fatos da vida" com mais clareza. Uma conduta sem envolvimentos, que também leve em conta os mandamentos anteriores, é exigência fundamental para uma auto-estima estável.

As eternas reflexões sobre você mesma, as autocensuras e dúvidas quanto à própria capacidade significam *stress*. E o *stress*, sabe-se há muito tempo, não é apenas a causa principal de muitas doenças, como também pode desencadear problemas psicológicos como medo e depressão. Sempre que ficamos tensas – e fazemos isso quando duvidamos de nós mesmas – desencadeamos no nosso corpo um programa de *stress*: a pressão sangüínea aumenta, os músculos ficam tensos, os batimentos cardíacos se aceleram, e assim por diante. Essa reação de *stress* é natural e, na verdade, serve a um bom propósito: desse modo nossos impulsos seriam alertados contra qualquer perigo, com condições de, no momento certo, reagir com palavras ásperas ou atitudes agressivas. Hoje em dia, a reação devida ao *stress* raramente é causada por perigos externos mas muito mais por processos "interiores": tensão excessiva, agitação, pensamentos negativos, perfeccionismo, preocupações e muitos outros processos psicológicos que também podem desencadear o programa de *stress*. Quer esteja se aborrecendo freqüentemente com o parceiro ou sempre pensando a respeito de você mesma – esse *stress* a deixa agitada. A nossa saúde e a nossa psique nada têm a lucrar com isso. Como raramente se manifestam em termos de "palavras ásperas" ou "atitudes agressivas", as reações psicológicas corporais associadas às do *stress* não diminuem, a preocupação exagerada não se resolve por si mesma.

Para nos sentirmos em paz, precisamos reagir ativamente, para provocarmos uma "reação de relaxamento". Do mesmo modo que a já descrita reação corporal de alarme ao *stress*, a "reação de relaxamento" também é natural. Existe, entretanto, uma diferença fundamental entre a reação devida ao *stress* e a de relaxamento: a reação devida ao *stress* é totalmente automática, mas a de relaxamento, por outro lado, precisamos nós mesmas desencadear. O corpo sozinho não é suficientemente sábio para ativar esse programa anti-*stress*. Ele necessita de determinados sinais para conseguir reagir de acordo, sinais que precisamos lhe dar.

São necessários dois pré-requisitos para desencadear a "reação de relaxamento" e para que você consiga se distanciar dos problemas do dia-a-dia e mergulhar no seu mundo interior:

1. Você precisa respirar corretamente.
2. Você precisa fazer com que todos os pensamentos perturbadores desapareçam gradualmente.

Faça um teste com você mesma: Como você respira? As suas inspirações e expirações são longas ou curtas? Ambas têm a mesma duração ou uma fase é mais longa do que a outra? Você tem a sensação de não respirar ar suficiente? Quando respira, como são os movimentos do seu peito e do seu abdome?

O mais provável é que você respire de maneira errada. Não é de admirar que passe pela vida cheia de tensão e medo. Pessoas com baixo nível de auto-estima freqüentemente também são pessoas tensas e receosas. Praticam a respiração torácica e não a diafragmática, que promove o relaxamento. Para ficar mais relaxada, você deve evitar a respiração torácica, mas usar o diafragma. Ponha uma das mãos sobre a barriga, logo abaixo do umbigo. Quando inspira o ar, a mão deve se afastar; ao expirar, a mão se aproximará do corpo. Esse é o melhor sinal de que está respirando corretamente.

Quando a respiração estiver correta, começa a surtir efeito o passo seguinte para resolver os seus pensamentos perturbadores. O relaxamento só acontece quando você se separa dos pensamentos perturbadores e receosos do tipo "Tive um bom desempenho? Fiz alguma coisa errada? O que poderia fazer melhor?" Uma grande ajuda para atingir esse objetivo é você se concentrar em determinada palavra ou número, que possa repetir em silêncio para si mesma. Uma âncora desse tipo poderia ser, por exemplo, o número "um". No momento em que os pensamentos negativos vierem à tona, não se ocupe com eles, mas agarre-se conscientemente à sua palavra-âncora.

Seria bom fazer diariamente ou, no mínimo, duas vezes por semana, de 10 a 20 minutos, o seguinte exercício para desencadear uma reação de relaxamento:

1. Lembre-se da sua palavra-âncora.
2. Sente-se calmamente numa posição confortável.
3. Feche os olhos.

4. Relaxe os músculos.
5. Inspire e expire lentamente, com o diafragma.
6. Adote uma postura totalmente passiva. Não pense se está fazendo o treinamento de maneira correta. Se outros pensamentos vierem à tona, conscientize-se deles. Então volte imediatamente para a sua palavra-âncora.

Caso você nem sempre encontre tempo para esses exercícios de relaxamento, acostume-se a miniexercícios, criando no dia-a-dia pequenas lacunas de relaxamento. Faça três respirações diafragmáticas quando observar que infringiu um dos mandamentos para a auto-estima: ao ser demasiadamente crítica com você mesma, quando se sentir pequena e insignificante, quando sentir a consciência pesada, quando não for capaz de se afirmar, quando sentir medo de desafios, em resumo: sempre que notar que está se afastando de você mesma, respire conscientemente com o diafragma.

Ou recue e faça a *Meditação em Movimento*. Consiga dez minutos de tempo. Procure um local onde não seja perturbada. Coloque lentamente um pé adiante do outro, erguendo-os com toda a suavidade, do calcanhar até o artelho. Concentre-se nas sensações evocadas pelo andar e pelo contato da sola do pé com o chão. Ao surgirem pensamentos, aceite-os, esqueça-os e volte a se concentrar nos pés.

Provocar regularmente a reação de relaxamento é um modo perfeito de cuidar da própria saúde, como descobriu Herbert Benson, professor de medicina comportamental da Harvard Medical School e estudioso da reação de relaxamento. Essa prática alivia dores de cabeça resultantes de tensão e dores crônicas, você dorme melhor, a pressão sangüínea se normaliza, desaparecem os medos e as depressões. Mas não é apenas a saúde corporal que lucra: a mente também se torna mais aguçada. A capacidade cerebral aumenta, a concentração e a eficiência melhoram. Quanto mais evidente a reação de relaxamento se tornar em sua vida, mais calma você também ficará. Você recupera lentamente, mas com certeza, o controle sobre a `sua vida. Quem se deixa envolver pela aventura do relaxamento não se sente mais como uma "rolha flutuando no mar da vida", promete Herbert Benson. Por isso, para pessoas com baixo nível de auto-estima, a reação de relaxamento é o método ideal para quem não quer mais duvidar de si mesma, mas sentir novamente um solo firme e seguro sob os pés.

Epílogo

Uma forte auto-estima é condição fundamental para a saúde mental, para o sucesso e para ter prazer de viver. Nos dias de hoje tornou-se bastante difícil desenvolver essa auto-estima. Até mesmo pessoas que, desde a infância, já apresentam os aspectos mais importantes da auto-estima podem ser adultos totalmente inseguros. A época em que vivemos também exige muito de nós, em termos de audácia, capacidade para nos impormos e resolução. Um fato não podemos jamais esquecer: dependemos basicamente de nós mesmas.

Essa afirmação não se aplica apenas a quem mora sozinha ou às solitárias. Aquelas que vivem com companheiros ou com a família também precisam cuidar da própria vida. A todo momento deparamo-nos com a necessidade de tomar decisões cotidianas. Raramente alguém nos poupa de alguma coisa. Não é de admirar que muitas se sintam exaustas e esgotadas. "Algumas vezes acho que não conseguirei mais suportar tudo isso" é uma queixa freqüentemente ouvida. No trabalho temos sempre que nos comportar como supermulheres, a vida particular precisa ser organizada, a casa tem de ficar impecável, os filhos exigem cuidados e cada vez mais necessitamos de tempo e energia para os nossos pais idosos. Temos responsabilidades demais.

Nessa situação de sobrecarga a única coisa certa a fazer para que consigamos "liberar a tensão" é agir de maneira diametralmente oposta. Em cima dessa sobrecarga, ainda lançamos mais uma, pois nós mesmas estamos nos sobrecarregando. Quando acreditamos que não somos capazes de cumprir adequadamente as nossas obrigações, comparamo-nos àquelas que, aparentemente, são muito mais capazes que nós e afirmamos: depende de nós, a culpa é nossa, por nos sentirmos tão cansadas e exaustas, tão desanimadas e esgotadas. Para pessoas que já apresentam um baixo nível de autoestima, esse modo de pensar contribui para que se sintam ainda piores. As outras, com maior estabilidade interior, devido à constante sobrecarga, cavam elas mesmas a cova onde enterram a sua força: algum dia também perderão a audácia, algum dia também acreditarão que não valem grande coisa.

Um desfecho bastante perigoso. Nestes tempos, quando as exigências do tipo "Você precisa" e "Você deve" jorram diretamente sobre nós, nada mais nos é tão necessário quanto a força interior. O psicoterapeuta Nathaniel Branden assegura veementemente: "A estabilidade que não encontramos no mundo, temos de encontrar em nós mesmos." Se somos o mais severo crítico de nós mesmas e constantemente duvidamos da nossa capacidade, não é de admirar que nada corra bem. Na grande maioria das vezes, nós mesmas somos responsáveis por muitas das assim chamadas "doenças de tensão", como a ansiedade e a depressão. Compreendemos tudo o que se possa imaginar, estamos sempre dispostas a perdoar os erros e as fraquezas dos outros, fazemos o possível para que nos amem. Mas o que estamos dispostos a fazer por nós mesmas? Para a nossa força interior, nossa estabilidade? Quanta energia investimos para obter alguma estabilidade que nos proteja contra o *stress*, as inseguranças, os medos de errar?

"Durante anos senti desprezo pelas mulheres cujas ambições não se harmonizavam com a minha maneira de pensar", escreve a escritora Colette Dowling com autocrítica. "Não se esforçavam o bastante, escolhiam o caminho da menor resistência, contentavam-se com posições inferiores. 'Nada temos em comum', pensava eu arrogantemente. Hoje sei que aquilo que eu sentia, na verdade, era inveja disfarçada. O que dava àquelas mulheres o direito de relaxar e de serem boas, enquanto eu me esforçava até o limite da exaustão?" Só quando a filha adulta se rebelou contra as suas elevadas pretensões e o seu perfeccionismo foi que Dowling reconheceu que precisava descer do seu "pedestal", ou seja, deveria livrar-se dos seus padrões exagerados em relação a si mesma. "O que sinto hoje, talvez pela primeira vez na minha vida, é uma sensação de bem-estar, pois aceito a velha e simples Colette... Pela primeira vez tenho a sensação de não estar no lugar errado, mas ali, onde pertenço, tenho a altura certa, a idade certa, o sexo certo."

Você também pode descer do seu "pedestal" e se despedir das suas elevadas pretensões em relação a você mesma, das próprias dúvidas torturantes e da autocrítica fatal. Os "10 mandamentos para ter uma auto-estima elevada" a ajudarão a pensar novamente em si mesma. Os "mandamentos" farão com que você se lembre da importância de estar em paz consigo mesma e de sempre acrescentar uma palavra amiga quando lhe acontecer de ser alvo das próprias críticas. Deixe que os "mandamentos" sejam os seus companheiros constantes, leia-os de novo sempre que sentir necessidade, principalmente aqueles que se aplicam especialmente a você. A força interior não se desenvolve de um dia para o outro e, com toda a certeza, não depois de uma única leitura deste livro. Sempre que tiver dúvidas quanto ao seu próprio valor, não espere que os outros as tirem de você. Isso você pode fazer sozinha e melhor, aprendendo a pensar de outro modo a seu respeito:

"Orgulho-me de mim mesma!"
"Consigo dizer não!"
"Não preciso ser perfeita!"
"Não tenho uma opinião ruim a meu respeito!"

"Sou responsável por mim mesma!"
"Estou bem, assim como sou!"
"Sei me afirmar!"
"Não tenho medo do sucesso!"
"Eu cuido de mim mesma!"

Se você viver de acordo com esses "10 mandamentos para ter uma auto-estima elevada", não mais se sentirá como se fosse uma pessoa inadequada nem será mais uma "rolha flutuando no mar da vida", mas estará com os pés firmemente plantados no chão. Você compreenderá que a alegria e a felicidade de uma pessoa não nascem com ela, mas que é preciso conquistá-las ao longo da vida. Na opinião do hipnoterapeuta Milton Erickson, "Ser feliz é a capacidade que você tem de dar valor àquilo que tem". Você tem a si mesma – e isso já é algo de imenso valor!

Bibliografia

Branden, Nathaniel: *Die sechs Säulen des Selbstwertgefühls. Erfolgreich und zufrieden durch ein starkes Selbst.* Kabel, Hamburgo, 1995.
Dowling, Colette: *Perfekte Frauen.* S. Fischer, Frankfurt / Meno, 1989
Harris, Judith Rich: *The nurture assumption. Why children turn out the way they do.* Free Press, Boston, 1998.
Nestmann, Frank e Christiane Schmerl (orgs.): *Frauen – das hilfreiche Geschlecht.* Rowohlt, Reinbeck, 1991.
Nuber, Ursula: *Schöner werden wir morgen. Eine Ermunterung, so zu bleiben, wie wir sind.* Scherz Verlag, Berna, 1997.
Nuber, Ursula: *Der Mythos vom frühen Traum. Über Macht und Einfluß der Kindheit.* S. Fischer, Frankfurt sobre o Meno, 1995.
Rubin, Harriet: *Machiavelli für Frauen.* Krüger Verlag, Frankfurt sobre o Meno, 1998.
Steinem, Gloria: *Revolution from Within. A Book of Self-Esteem.* Little Brown and Company, Boston, Toronto, Londres, 1991 (Em alemão: *Was heißt schon emanzipiert. Meine Suche nach dem Feminismus.* Hoffman und Campe, Hamburgo, 1993).
Tannen, Deborah: *Zu bescheiden, zu einfühlsam, zu erfolglos. Ein Gespräch.* Em Psychologie Heute, 2 / 1995.
Sternberg, Robert J.: *Erfolgsintelligentz.* Lichtenberg Verlag, Munique, 1998.
Tschirhart, Linda Sanfold, Donovan, Mary Ellen: *Frauen und Selbstachtung.* Ingrid Klein Verlag, Hamburgo, 1994